# リスクと税制

証券税制研究会編

公益財団法人　日本証券経済研究所

# は　し　が　き

　株式等金融資産を購入する投資家，生産能力の拡大という実物投資を行う企業など，多くの経済主体は様々なリスク，すなわち，不確実性に直面している。このことを反映して，これまでの経済学もリスクを考慮した幾多の優れた分析を積み重ねてきており，証券税制論もその例外ではない。

　われわれは，これらの既存研究を踏まえつつ，以下の点に注目して，「リスクと税制」に関する研究の進展を試みた。

　第一に，これまでの証券税制論が取り組んできた，株式等の資産価値変動リスクや企業の投資リスクと税制の関連についての研究を，理論的・実証的に発展させる。その際，各国における最近の租税政策や新しい経済理論の展開に注目する。

　第二に，リスクの内容をより広く捉え，賃金率の不確実性，個人の長寿リスクなどにも注目して，これらのリスクと税制の関連を分析する。

　本書は，上記の問題意識のもとに設定された，証券税制研究会の研究プロジェクト「リスクと税制」（研究期間　2015年1月－2016年4月）の成果をまとめた報告書である。

　このうち，上記の第一のグループには，第2章，第3章，第4章，第5章，第8章が該当し，第二のグループに，第1章，第6章，第7章が該当する。


　以下，各章の内容をその主題に絞って紹介したい。

　第1章は，高松委員による「リスク，人的資本投資と最適所得税—労働所得税と資本所得税の課税関係—」である。本章では，先行研究における賃金率一定という想定をはずし，賃金率が疾病・障害などによって通時的に変化すること，すなわち賃金に関するリスクと，生産性を変化させる人的資本投資に注目して，最適所得税論の新展開を図り，労働所得税と資本所得税の課税関係＝両税の役割分担を再考している。

第2章は，國枝委員による「バブルと税制：再考」である。本章では，資産バブル抑制に対する税制の役割，とくにキャピタルゲイン税の役割を理論的に再評価している。バブルを明示的に組み込んだ筆者自身の一般均衡モデルの有効性を，バブルの事例との関係にも注目しながら示すとともに，合理的バブルを組み込んだ新しいマクロモデルも踏まえた，バブルと税制のさらなる分析の必要性を唱えている。

　第3章は山田委員による「ACEの中立性—投資のリスクを考慮した研究の動向—」である。ここでは新しい法人税の有力なタイプの一つであるACE法人税を取り上げている。すなわち，実物投資の不確実性を想定して，ACEの投資中立命題の成立条件を再吟味している理論研究の整理を行い，その整理に基づいて，わが国におけるACEの制度設計を行う際に留意すべき点について検討している。

　第4章は，野村委員による「フィンランドにおける2005年資本所得税改革と法人投資」である。本章では，個人配当課税と企業の実物投資水準との関係を実証分析している。すなわち，フィンランド上場法人のミクロ財務データを利用して，2005年に実施された同国でのインピュテーション方式の廃止が，企業の固定資産投資にどのような影響を与えたのか，DIDモデルによる推計を試みている。

　第5章は，大野委員による「税制改革と株式市場のボラティリティ—軽減税率廃止の株式投資リスクへの影響—」である。ここでは，2014年1月より施行された配当・株式譲渡益の軽減税率廃止が，株式投資にいかなる影響を与えたのか，株式投資のリスクを代表する株価のボラティリティに焦点を当てて，実証分析を行っている。その際，ファイナンスの分野で広く使われるGARCH型モデルの手法を用いている。

　第6章は，篠原委員による「長寿リスクと企業年金税制—ニュージーランドの議論—」である。多くの国で企業年金への期待が高まっているが，ニュージーランドも例外ではない。同国でも，長寿化が進行し公的年金の持続可能性が問題視されているからである。そこで本章では，同国における企業年金課税

の議論，とくに1988年に発表された政府による2つの報告書を取り上げて，企業年金課税政策に対する含意を導いている。

第7章は，馬場による「長寿リスク・DC型年金・年金税制─スウェーデンのケース─」である。公的年金と職域年金の両方とも，確定拠出（DC型）に移行したスウェーデンの年金税制を取り上げている。公的年金における長寿リスク対応策や年金財政維持政策を明瞭にしたうえで，それらの政策と公的年金税制の整合性，企業年金の公的年金補完機能と企業年金税制の整合性を検討している。

第8章は，岩﨑委員による「有価証券の減損リスクと課税」である。本章では税法学の立場から，有価証券等の減損をとりあげ，その会計処理の内容と，これに関する税務会計や法人税法との違いを正確に把握することを目的としている。特に多くの多国籍企業がIFRS（International Financial Reporting Standards）基準に従うことが予想されるので，有価証券の減損処理基準について，日本の現行会計基準とIFRS 9との異同を整理し，次に，IFRS 9基準を採用した場合に，法人税法上の課税所得計算にどのような影響が出るかを検討し，将来的にどのような制度設計をする必要があるかを論じている。

以上のように本書は各委員による研究効果を集めた報告書である。読者諸兄におかれては，ご興味ある章をお読みいただき，ご感想やアドバイスをお寄せいただければ幸いである。

われわれが研究を進めるにあたって，増井理事長をはじめ，日本証券経済研究所の方々に大変お世話になりました。さらに研究会においては，オブザーバーの方々から貴重なご意見をいただきました。これらの皆様に，証券税制研究会を代表して心からお礼申し上げます。

2016年　初秋

証券税制研究会座長

馬　場　義　久

iv

# 証券税制研究会メンバー

(2016年10月 1 日現在)

座　　長　馬場　義久　早稲田大学政治経済学術院教授

委　　員　岩﨑　政明　横浜国立大学大学院国際社会科学研究院教授

　　〃　　篠原　正博　中央大学経済学部教授

　　〃　　大野　裕之　東洋大学経済学部教授

　　〃　　國枝　繁樹　一橋大学国際・公共政策大学院准教授

　　〃　　野村　容康　獨協大学経済学部教授・当研究所客員研究員

　　〃　　高松　慶裕　静岡大学学術院人文社会科学領域准教授

　　〃　　山田　直夫　日本証券経済研究所主任研究員


オブザーバー

　　　　　松永　秀昭　日本証券業協会政策本部企画部証券税制室長

　　　　　松尾　琢己　株式会社日本取引所グループ総合企画部企画統括役

# 目　　次

はしがき

## 第1章　リスク，人的資本投資と最適所得税
### ——労働所得税と資本所得税の課税関係——　········ 高松慶裕

Ⅰ. はじめに ··············································································· 1

Ⅱ. 賃金に関するリスク ······························································ 2

　　1. 基本モデル ········································································ 2

　　2. 複数消費財の考慮：Atkinson and Stiglitz theorem との関係 ··· 6

Ⅲ. 人的資本投資を考慮したモデル ·············································· 8

　　1. Jacobs and Bovenberg［2010］ ··········································· 9

　　2. Schindler and Yang［2015］ ·············································· 11

Ⅳ. 就業選択モデルによる一考察 ················································ 12

　　1. モデル ············································································ 13

　　2. 政府の政策：労働所得税と資本所得税 ·································· 14

Ⅴ. おわりに：わが国の税制改革に対する政策的含意と今後の課題 ········· 18

Ⅵ. 数学補論 ············································································ 20

## 第2章　バブルと税制：再考 ···························· 國枝繁樹

Ⅰ. イントロダクション ····························································· 25

Ⅱ. 合理的バブルと税制 ····························································· 27

　　1. Tirole［1985］モデルと税制 ·············································· 27

　　2. 均衡条件 ········································································· 28

　　3. 2種類の定常均衡と均衡経路 ·············································· 29

　　4. キャピタルゲイン課税の税率引上げの効果 ··························· 31

Ⅲ. 日本の土地価格バブルと土地税制改革 ···································· 35

Ⅳ. 1870年代初頭の日本におけるうさぎバブル（Rabbit mania）と兎税 ······ 36

Ⅴ. 最近のバブルのモデルと税制 ················································ 39

Ⅵ. 結　論 ······························································· 42


## 第3章　ACE の中立性
### ──投資のリスクを考慮した研究の動向──
········ 山田直夫

Ⅰ. はじめに ······························································ 45

Ⅱ. 投資のリスクがないケース ·············································· 48

Ⅲ. 投資のリスクと ACE ·················································· 50

　　1. 投資のリスクに関する研究の動向 ···································· 50

　　2. 投資のリスクの導入 ··············································· 52

　　3. 倒産リスクの追加 ················································· 55

　　4. firm tax と shareholder tax ······································· 63

Ⅳ. おわりに ······························································ 66


## 第4章　フィンランドにおける
## 　　　2005年資本所得税改革と法人投資
··················· 野村容康

Ⅰ. はじめに ······························································ 69

　　1. 研究の目的 ······················································· 69

　　2. 問題意識 ························································· 70

　　3. 先行研究 ························································· 71

Ⅱ. 2005年の資本所得税改革 ··············································· 73

　　1. 2005年改革までの経緯 ············································· 73

　　2. 改革の内容 ······················································· 75

Ⅲ. 分析の枠組み ·························································· 76

　　1. 理論的背景 ······················································· 76

　　2. 推論と仮説 ······················································· 78

　　3. 推定モデル ······················································· 78

目　　次　　　vii

　　4．使用データ ……………………………………………………… 79
　　5．変数の定義と基本統計 ………………………………………… 80
Ⅳ．推定結果と考察 …………………………………………………… 83
Ⅴ．むすび ……………………………………………………………… 87


## 第5章　税制改革と株式市場のボラティリティ
### ──軽減税率廃止の株式投資リスクへの影響──
……………………………………………………………… 大野裕之

Ⅰ．はじめに：平成不況と証券税制改革 …………………………… 95
Ⅱ．Song and Zhang［2005］による理論的整理 ………………… 98
　　1．基本設定：取引税率とボラティリティ ……………………… 98
　　2．株式取引税の影響 ……………………………………………… 99
　　3．配当課税，譲渡益課税への拡張 ……………………………… 100
Ⅲ．GRCH 型モデルによる実証分析 ……………………………… 101
Ⅳ．分析結果とその解釈 ……………………………………………… 107
Ⅴ．課題と今後の方向性：おわりに代えて ………………………… 110


## 第6章　長寿リスクと企業年金税制
### ──ニュージーランドの議論──
………………………… 篠原正博

Ⅰ．はじめに …………………………………………………………… 115
Ⅱ．ニュージーランドの年金制度 …………………………………… 117
　　1．全体像 …………………………………………………………… 117
　　2．公的年金制度 …………………………………………………… 119
　　3．KiwiSaver ……………………………………………………… 119
Ⅲ．年金と税制 ………………………………………………………… 121
　　1．先進国の企業年金課税 ………………………………………… 121
　　2．ニュージーランドの年金課税制度 …………………………… 125
　　3．ニュージーランドにおける企業年金課税をめぐる議論 …… 130

viii 目　次

Ⅳ．おわりに ……………………………………………………………… 140


## 第7章　長寿リスク・DC 型年金・年金税制 ……………… 馬場義久
　　　　　　——スウェーデンのケース——

Ⅰ．はじめに …………………………………………………………… 147

　　1．課　題 ………………………………………………………… 147

　　2．構　成 ………………………………………………………… 149

Ⅱ．スウェーデンの年金制度の概観 ………………………………… 149

Ⅲ．公的年金制度とリスク対応 ……………………………………… 151

　　1．所得比例年金のしくみ ……………………………………… 151

　　2．最低保障年金 ………………………………………………… 155

　　3．リスクへの対応 ……………………………………………… 156

Ⅳ．公的年金税制の検討 ……………………………………………… 161

　　1．概観と考察の焦点 …………………………………………… 161

　　2．掛け金段階の本人保険料税額控除について ……………… 161

　　3．収益段階での非課税措置 …………………………………… 166

　　4．給付段階での課税 …………………………………………… 166

Ⅴ．職域年金による公的年金の補完と年金税制 …………………… 173

　　1．しくみ ………………………………………………………… 173

　　2．職域年金に期待される公的年金補完機能 ………………… 175

　　3．税制は職域年金の役割と整合的か ………………………… 176

Ⅵ．結び—わが国への教訓 ………………………………………… 181

　　1．公的年金制度におけるリスク対応 ………………………… 181

　　2．公的年金と職域年金の役割分担 …………………………… 182

　　3．年金税制 ……………………………………………………… 182

　　4．わが国の税制改革への含意 ………………………………… 184


## 第8章　有価証券の減損リスクと課税 ……………………… 岩﨑政明

目　　次　　　　　　　　　　　　　　ix

Ⅰ．はじめに ……………………………………………………………… 188

　　1．問題の所在 ………………………………………………………… 188

　　2．検討する有価証券の意義と範囲 ………………………………… 189

Ⅱ．IFRS における金融資産の減損処理 ……………………………… 191

　　1．有価証券の保有目的による分類と減損処理の原則 …………… 191

　　2．非上場・未上場・中小法人株式に係る減損処理の方法 ……… 193

　　3．金銭債権に係る減損処理の方法 ………………………………… 193

Ⅲ．法人税法・税務会計における金融資産の減損処理 ……………… 194

Ⅳ．おわりに ……………………………………………………………… 197


　　索　引 ………………………………………………………………… 200

# 第1章 リスク，人的資本投資と最適所得税
——労働所得税と資本所得税の課税関係——

高 松 慶 裕

## I. はじめに

　最適所得税の理論は，労働所得課税・移転による家計の労働供給行動に対する歪み（効率性）と再分配のトレード・オフを考慮しつつ，両者の調整を図りながら，所与の税収の下で社会厚生を最大化するような課税・移転のあり方を考察する。所得課税による高所得者から低所得者への再分配の試みと人々への行動変化の誘因（特に労働供給行動への歪み）を明示的に取り扱った，所得税の効率性と公平性のトレード・オフを前提にセカンド・ベストの意味で望ましい労働所得税・移転支出を考察する理論的な枠組みとなっている。その標準的なモデル（Mirrlees［1971］や Saez［2001］等を参照）では労働生産性（賃金率）は外生的に決定される。また静学的なモデル設定のため，家計の賃金率は通時的に一定であると想定される。

　しかし，労働生産性（賃金率）が外生的で通時的に一定という想定は必ずしも現実的とは限らない。例えば，疾病や障害，失業，景気変動等によって通時的に賃金率が変化するといった賃金に関するリスクを想定することはもっともらしい。義務教育や高等教育，企業内での教育（OJT 等）による人的資本投資によっても家計の労働生産性は内生的に変化するであろう。さらに，人的資本投資による労働生産性の上昇が賃金リスクの増加につながるのか，それとも低下につながるのかも興味深い論点である。

　そこで本稿は，賃金に関するリスクが存在する場合と人的資本投資を考慮し

2　　　　　第1章　リスク，人的資本投資と最適所得税

た場合の最適所得税モデルに注目し，労働所得税と資本所得税の関係について
理論的に考察する。具体的には，Ⅱ節において賃金に関するリスクを考慮した
モデルを，Ⅲ節で人的資本投資を考慮したモデルをそれぞれ概観した上で，Ⅳ
節において人的資本投資に関する先行研究では分析されてこなかった家計の労
働供給行動としての就業選択行動を前提とした最適所得税モデルを構築し，分
析を行う。Ⅴ節では，わが国の税制改革に対する政策的含意を検討するととも
に今後の課題を提起する。

# Ⅱ．賃金に関するリスク

　本節では，標準的な最適所得税モデルに賃金に関するリスク・不確実性を加
えたモデルを解説する（Eaton and Rosen [1980]，Myles [1995]，Cremer
and Gahvari [1999] などを参照）。ここでは，賃金に関するリスク・不確実性
に対する民間の保険市場（完全市場）が存在しないと想定する。すなわち，課
税には社会保険としての役割も生じる[1]。ここでのモデルのポイントは，不確
実性が解決する前に（すなわち，事前に），家計は労働供給行動を決定すると
いうことである（図表1－1参照）[2]。

**図表1－1　意思決定のタイミング**

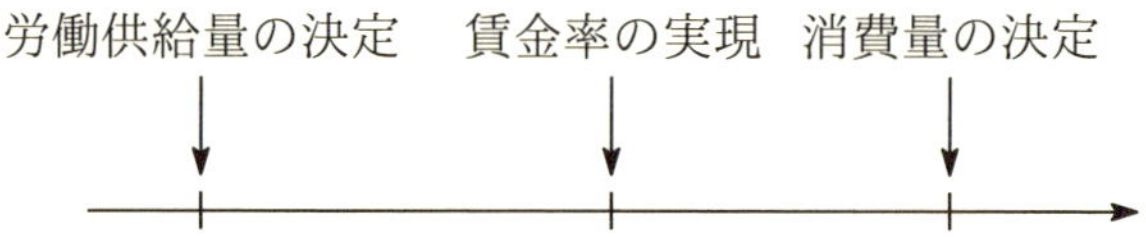

労働供給量の決定　　賃金率の実現　　消費量の決定

## 1．基本モデル

　家計は事前には同質であり，期待効用の最大化を目的としている。ここでは
簡単化のために，家計は分離可能な選好を持つと仮定し，効用関数は，

$$U(x, L) = u(x) + \varphi(1-L),$$

であり，ここで，$U$ は2回連続微分可能，消費 $x$ に関して強増加，労働供給 $L$
に関して強減少関数であり，$u$, $\varphi$ は強凹関数と仮定とする。すなわち，家計

はリスク回避的である。家計の時間賦存量を1に基準化すると，家計の時間制約は，$L+l=1$と書ける。ここで$l$は余暇である。

　事前に不確実な賃金率を$w$とし，$[\underline{w}, \overline{w}]$で連続的に分布する（ここで，$\underline{w}>0$と仮定する）。密度関数を$f(w)$と表記し，家計間で独立同一に分布し，分布の形状は既知とする。また，人口は1に基準化する。家計の実現賃金率$w$と労働供給$L$は政府にとって観察不可能であるが，その労働所得，$z=wL$は観察可能である。

## （1）　線形所得税の場合

　政府は線形の労働所得税と非線形の労働所得税のどちらかを用いることができると想定する。最初に，政府が線形の労働所得税を用いると仮定しよう。労働所得税額を$T$とすると，線形所得税の場合は，

$$T=twL-b,$$

であり，ここで，$t$は比例税率であり，$b$は一括移転である。

　このとき，家計の問題は，賃金率が実現する以前に労働供給を選択するので，予算制約下での期待効用の最大化である。すなわち，

$$\max_{\{x, L\}} \int_{\underline{w}}^{\overline{w}} U(x, L)f(w)\,dw = \mathrm{E}(U(x, L)) = \mathrm{E}(u(x)+\varphi(1-L)),$$

$$\text{s.t.} \quad x=[1-t]wL+b+\omega,$$

である。ここで，$\omega$は非労働所得を表している。

　家計問題の1階条件は，

$$\mathrm{E}(u'w[1-t]-\varphi')=0, \tag{1}$$

であり，すべての家計が同一の労働供給水準，$L^*$を選択することがわかる。また，政府の予算制約は，すべての家計が同じ労働供給水準であることに注目すると，

$$G=\int_{\underline{w}}^{\overline{w}} [twL-b]f(w)\,dw = t\mathrm{E}(w)L-b,$$

となる。ここで，$G$は所与の税収である。

4　　　　　第1章　リスク，人的資本投資と最適所得税

政府の目的関数は，家計が事前に同一なので家計の期待効用である。したがって，政府の問題は以下のように定式化できる。

$$\max_{[t,\,G]} \quad \mathrm{E}(U(x^*,\,L^*)) = \mathrm{E}(u(x^*) + \varphi\,(1 - L^*)),$$
$$\mathrm{s.t.} \quad G = t\mathrm{E}(w)L - b.$$

家計の予算制約を用いると，政府の問題は，

$$\max_{[t]} \quad \mathrm{E}(u([1-t]wL^* + \omega + t\mathrm{E}(w)L^* - G) + \varphi\,(1 - L^*)),$$

と書き直せる。ここで，$L^* = L(t,\,b) = L(t,\,t\mathrm{E}(w)L - G)$ である。

この政府の問題の1階条件は以下のようになる。

$$\mathrm{E}(u'[[\mathrm{E}(w) - w]L^* + [1-t]w\eta + t\mathrm{E}(w)\eta] - \varphi'\eta) = 0,$$

ここで，$\eta$ は，期待所得が補償された労働供給の税率の変化に対する効果，

$$\eta = \frac{dL^*}{dt} + \mathrm{E}(w)L^* \frac{dL^*}{db},$$

である。さらに，家計の1階条件，（1）式を用いて整理すると，

$$\mathrm{E}(u'[[\mathrm{E}(w) - w]L^* + t\mathrm{E}(w)\eta]) = 0, \qquad\qquad (2)$$

となる。（2）式より，賃金率に不確実性がない場合（$w = \mathrm{E}(w)$）には，$t^* = 0$，すなわち，「一括税が望ましい」こと，賃金率に不確実性がある場合には，$t^* \in (0,\,1)$，すなわち，「最適税率は0から100％の間である。」(Eaton and Rosen [1980]) が示される。このように，賃金率が確実な場合（一括税が望ましい）と異なり，一括税は賃金率に関するリスク・不確実性の存在下で最も効率的な政策手段ではないことが示される。税が不確実な賃金リスクに対する部分的な保険を提供するという，社会保険としての役割を担うことになる。


### （2）　非線形所得税の場合

次に，政府が非線形所得税を用いることができる場合を考えよう。税額を $T$ とすれば，非線形所得税の場合，

$$T = T(z),$$

と書ける。家計の問題は，

$$\max_{[x,\, L]} \quad \int_{\underline{w}}^{\overline{w}} U(x,\, L) f(w)\, dw = \mathrm{E}(U(x,\, L)) = \mathrm{E}(u(x) + \varphi\,(1 - L)),$$

$$\text{s.t.} \quad x = z - T(z),$$

と書ける。この問題の解として，実現賃金率が $w$ の家計の消費 $x(w)$，実現賃金率が $w$ の家計の所得 $z(w)$，間接効用，

$$V(w) = u(x(w)) + \varphi\left(1 - \frac{z(w)}{w}\right),$$

をそれぞれ定義できる。

　政府の問題は，以下のように政府の予算制約（（4）式）と家計の自己選択制約（（5）式）の下で社会厚生（家計の期待効用（3）式）を最大化することである。

$$\max_{[x(w),\, L]} \quad \int_{\underline{w}}^{\overline{w}} [u(x(w)) + \varphi\,(1 - L)] f(w)\, dw, \tag{3}$$

$$\text{s.t.} \quad G = \int_{\underline{w}}^{\overline{w}} [wL - x(w)] f(w)\, dw, \tag{4}$$

$$V(w) = \max_{[\tilde{w}]} \quad u(x(\tilde{w})) + \varphi\left(1 - \frac{z(\tilde{w})}{w}\right). \tag{5}$$

　上記の政府の問題の定式化は，通常の非線形最適所得税の設定と似ていることに注目しよう[3]。実際，家計が労働供給を事後に（賃金率の実現後に）選択できる場合には，通常の非線形最適所得税モデル（賃金率に関して異質な家計に対する政府問題）と全く同じ構造をもつことになる。したがって，労働供給を事前に選択する点が 2 つのモデルの重要な違いとなる。Cremer and Gahvari [1999] に従うと，政府問題のラグランジュアンは以下のようになる。

$$\Lambda = \int_{\underline{w}}^{\overline{w}} \{[u(x(w)) + \varphi\,(1 - L)] + \lambda\,[wL - x(w) - G]\} f(w)\, dw.$$

ここで，$\lambda$ は政府の予算制約に対するラグランジュ乗数である。

　1 階条件は，

6　第1章　リスク，人的資本投資と最適所得税

$$\frac{\partial \Lambda}{\partial x(w)} : u' - \lambda = 0 \Leftrightarrow u' = \lambda, \tag{6}$$

$$\frac{\partial \Lambda}{\partial L} : \int_{\underline{w}}^{\overline{w}} [-\varphi' + \lambda w] f(w) dw = 0 \Leftrightarrow \varphi' = \lambda \mathrm{E}(w), \tag{7}$$

$$\frac{\partial \Lambda}{\partial \lambda} : \mathrm{E}(x(w)) = \mathrm{E}(w) L - G, \tag{8}$$

となり，すべての家計は実現する賃金率に関わらず同じ消費水準となるべきことがわかる。さらに，Cremer and Gahvari [1999] では，賃金率に不確実性があり，事前に労働供給が決定される場合には，この配分の遂行（implement）方法として，$u(0)$ が十分に小さければ，最適所得税は，

$$T(z) = \begin{cases} z & (\text{if } z < \underline{w}L^*), \\ z - \mathrm{E}(w)L^* + G & (\text{otherwise}), \end{cases}$$

とすることで，最善の配分が実現できることを示している。

　賃金に関するリスク・不確実性の有無による最適配分（ファースト・ベスト）の違いを整理すると，以下のようになる。確実な状況での最適配分は，労働供給は，家計の生産性に応じて供給し（すなわち，労働生産性（賃金率）が高いほど，労働供給量は多くなるべき），消費はすべての家計で同一となる。一方，不確実な状況での最適配分は，労働供給は家計間で同一であり，かつ，消費もすべての家計で同一という事後で平等主義的な配分となるといえる。

## 2．複数消費財の考慮：Atkinson and Stiglitz theorem との関係

　本項では，前項の基本モデルに加えて政府の政策手段として労働所得税だけでなく，消費財を複数として物品税も利用可能な場合（タックス・ミックス）を考える。このような賃金率に関するリスク・不確実性の存在下で，複数消費財を考慮した研究としては，Cremer and Gahvari [1995a, b, 1999] があげられる。

　賃金率に関するリスク・不確実性がない場合のタックス・ミックスでは，Atkinson and Stiglitz [1976] が，選好が消費と余暇が弱分離可能な場合，非

線形最適所得税の存在下で，最適物品税は一律税率または不要となることを示している（Atkinson and Stiglitz theorem）。一方，賃金率に関する不確実性がある場合のタックス・ミックスでは，線形所得税を前提としても（Cremer and Gahvari [1995a]），非線形所得税を前提としても（Cremer and Gahvari [1995b]），事前にコミットされる財と事後に選択される財間（図表1－2参照）で最適物品税率は異なるべきことが示される。

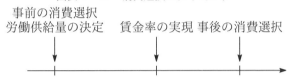

図表1－2　消費選択のタイミング

　ここでの事前にコミットされる財としては，住宅や自動車のような耐久消費財があげられる。選好が財のタイプ（事前・事後）で分離可能な場合，財のタイプ間で複数税率，財のタイプ内では一律税率となり，事前にコミットされる財（住宅，耐久消費財）は軽課されるべきである。その理由としては，差別的物品税の保険メカニズムとしての有用性があげられる。リスク回避的な家計は将来の低所得を心配し，事前にコミットされる財を（完全保険と比較して）過小消費する傾向にある。事前にコミットされる財を軽課することでより多くの消費に導くことが可能であり，結果として賃金率が実現した事後の状態による課税後消費（支出）格差を縮小させることができるのである。

　さらに，複数消費財を異時点間の消費選択として捉えると，Atkinson and Stiglitz [1976] の結果は，資本所得税が不要であることを示唆する一方，Cremer and Gahvari [1995a, b] の結果は，過大な貯蓄（予備的貯蓄）を資本所得税で修正することの有用性を示すといえる。また，Jacobs and Schindler [2012] も，収入リスクの存在下で，実証的にもっともらしい条件（資本所得課税が生涯での労働供給を増加させる）の下で正となるべきことを示している[4]。ただし，資本所得税が用いられるべき理由として，Jacobs and Schindler [2012] は Cremer and Gahvari [1999] と異なり，貯蓄を変化させることで賃

金リスクに対する保険機能を果たすことではなく，労働供給を促進し，労働所得税の歪みを減らすことであるとしている。このように，賃金率に関するリスク・不確実性の存在下では正の資本所得税が望ましいことが示唆される。

# Ⅲ. 人的資本投資を考慮したモデル

本節では，人的資本投資を考慮した最適所得税のモデルを検討する。標準的な最適所得税の理論的枠組みでは，労働生産性は外生的に与えられている。しかし，人的資本投資（教育）を考慮することで，労働生産性に与える影響を考察する必要が生じる。一般に人的資本投資により労働生産性は上昇するためである。そして，人的資本投資による労働生産性の上昇が賃金リスクの増加につながるのか，それとも低下につながるのかは興味深い論点となる。言い換えれば，元々生産性の高い個人の労働生産性がより高くなるのか，それとも低い個人が高くなるのかということである。また，人的資本蓄積は他の実物資産や金融資産と異なり，一般に非課税であり，人的資本投資からの不確実な収益が労働所得課税される。その時の資本所得税の取り扱いや役割がどのようになるのかも論点となる。

この文脈での代表的な研究をまとめたものが図表1-3である。多くの研究では政策手段として労働所得税として線形・非線形のどちらか，それ以外に資本所得税や教育補助金を想定している。また，家計が事前に同質なのか，収入関数の形状や人的資本投資の観察可能性などでモデルに差異がある。この文脈での主たる結果としては，政府の保険または再分配の役割は労働所得税のみにあること，一方で労働所得税は人的資本投資の阻害要因となることが指摘されている。また，資本所得税（または異時点間のくさび（intertemporal wedge））は正となることも示されている。その理由としては，資本所得税が労働供給を促進し，労働供給への歪みを間接的に減少させること，また教育の機会費用を低下させることで，人的資本投資へのインセンティブを提供することがあげられる。さらに，教育補助金についても，収入関数の形状によるが，

第1章　リスク，人的資本投資と最適所得税

### 図表1－3　人的資本投資を考慮した先行研究の比較

| 最近の代表的な研究 | モデルの特徴 | | | | | |
|---|---|---|---|---|---|---|
| | 労働所得税 | 資本所得税 | 教育補助金 | 事前に同質 | 収入関数 | 人的資本投資の観察可能性 |
| Bovenberg and Jacobs [2005] | 非線形 | × | ○：線形 | × | 弾力性一定 | ○ |
| Anderberg [2009] | NDPF | | ○／× | × | 確率的 | ○／× |
| Grochulski and Piskorski [2010] | NDPF | | × | × | 確率的 | × |
| Jacobs and Bovenberg [2010] | 線形／非線形 | 線形／非線形 | ×／○ | × | 弾力性一定 | ×／○ |
| Jacobs and Bovenberg [2011] | 非線形 | × | ○：非線形 | × | 一般 | ○ |
| Jacobs et al. [2012] | 線形 | × | ○：線形 | ○ | 一般 | ○ |
| Schindler and Yang [2015] | 線形 | 線形 | 線形 | ○ | 一般 | ○ |

(注)　表中の○は当該項目を満たす（または考慮する），×は当該項目を満たさない（または考慮しない）ことを示す。

人的資本投資と労働供給が補完財であれば，教育補助金が望ましいことが指摘されている。

　本稿は，人的資本投資を考慮したモデルにおける労働所得税と資本所得税の課税関係について注目するため，資本所得税を明示的に導入しているJacobs and Bovenberg [2010] と Schindler and Yang [2015] の研究に注目しよう[5)]。

## 1．Jacobs and Bovenberg [2010]

### （1）　モデル構造

　2期間モデルを考える（0期，1期）。家計は異質な労働生産性 $n$ と家計間で同一の初期資産 $a_0$ を持つ。0期に家計は初期資産を基に0期の消費 $x_0(n)$ と人的資本投資支出 $pe(n)$，貯蓄 $a(n)$ への配分を決定する。ここで，$e$ が人的資本投資（教育）であり，$p$ が人的資本投資に関する費用である。1期の家計の収入は収入関数 $\Phi$ に依存する。収入関数 $\Phi$ は人的資本投資 $e$ により決定され，ここでは，弾力性一定の，

$$\Phi(e(n)) = e(n)^{\beta},$$

と特定化される。ここで，$\beta$ は弾力性を表すあるパラメータである。1期に家

10　　　　　　　　第1章　リスク，人的資本投資と最適所得税

計は労働供給量を決定し，労働所得 $z(n) = n\Phi(e(n))l(n)$ が決定される。政府の政策手段としては，労働所得税 $t$ と資本所得税 $\tau$ を想定する（ここではいずれも線形とする）。したがって，家計の0期と1期の予算制約は，それぞれ，

$$x_0(n) + pe(n) = a_0 - a(n), \tag{0期}$$

$$x_1(n) = [1-t]l(n)n\Phi(e(n)) + \hat{R}a(n) + b, \tag{1期}$$

であり，ここで $\hat{R} = 1 + [1-\tau]r$，$b$ は一括移転である。家計は，消費と余暇間で弱分離可能な効用関数，$u(v(x_0, x_1), l)$，をもち，ここで関数 $v$ はホモセティックであると仮定される。さらに，人的資本投資に関して，政府が観察できない場合（non-verifiable learning）と部分的に観察できる場合（partly verifiable learning）を検証している。

### （2）　主たる結果

　上記のモデル設定において，Jacobs and Bovenberg [2010] は正の資本所得税が望ましい場合とは，人的資本投資が内生的で，正の労働所得税が人的資本投資を歪めるときであり，資本所得税は人的資本投資への歪みを緩和することからの限界厚生便益が，消費の異時点間の配分を歪めることからの限界厚生費用と等しくなるように設定されるべきことを示している。資本所得税の役割は，人的資本投資への歪みを緩和することのみにあるとしている。

　人的資本投資の観察可能性も結果に影響を与える。人的資本投資が部分的に観察できる場合（partly verifiable learning）の教育補助金と資本所得税の関係として，資本所得税は，教育補助金が人的資本投資への歪みを緩和するのに，より強力な（弱い）場合，小さく（大きく）なり，最適資本所得税は正のままであるとしている。逆に，資本所得税が必要ない場合としては，全ての人的資本投資が観察できる場合（verifiable learning），または，教育補助金が人的資本投資の構成を歪めない場合があげられる。これらの場合，教育補助金が人的資本投資に対する労働所得税の歪み全てを除去するためである。人的資本投資を観察できない場合（non-verifiable learning）に非線形労働所得税を導入した場合には，正の資本所得税が誘因両立性制約を緩和する役割を担うこと

になる。これは，高生産性家計は人的資本投資を減少させ，貯蓄を増加させることで低生産性家計を模倣するが，資本所得税により貯蓄の収益率を減少させることで，政府は模倣の魅力を低下させることができるためである。

## 2. Schindler and Yang [2015]

### （1） モデル構造

Jacobs and Bovenberg [2010] 同様，2期間モデルを考える（0期，1期）。家計は，事前に同一の労働生産性と初期資産を持ち，0期に時間賦存量を人的資本投資時間 $e$ と労働時間に配分する。1期の労働供給を決定後に生産性のショックがあり，$n \in \{n_1, \cdots, n_N\}$ が与えられる。そして，1期の収入関数は，1期の生産性，0期の人的資本投資時間，1期の労働供給に依存する構造となっている。すなわち，1期の収入関数は $\Phi(n, l, e)$ である。Jacobs and Bovenberg [2010] と Schindler and Yang [2015] では，人的資本投資を金銭で把握するか時間で把握するかという点と収入関数にリスクがある点に違いがある。

政府の政策手段としては，線形労働所得税 $t$，線形資本所得税 $\tau$，教育補助金 $s$ がある[6]。したがって，家計の0期と1期の予算制約は，それぞれ，

$$x_0 = [1-t][1-[1-s]e] + a_0 - a, \qquad （0期）$$

$$x_1 = [1-t]\Phi(n, l, e) + \hat{R}[[1-t][1-[1-s]e] - x_0 + a_0] + b, \quad （1期）$$

となる。ここで，$\hat{R} = 1 + [1-\tau]r$，$b$ は一括移転，$a$ は貯蓄である。家計は予算制約の下で消費と余暇で分離可能な期待効用，$E(U(x_0, x_1, l)) = E(u(x_0, x_1)) - v(l)$ を最大化するように行動する。

### （2） 主たる結果

上記のモデル設定において，Schindler and Yang [2015] は，Jacobs and Bovenberg [2011] と同様に[7]，収入関数の形状によって結果が異なることを指摘している。すなわち，人的資本投資と労働生産性が補完的な場合（$\Phi_{ne} > 0$），人的資本投資それ自体が所得リスクの原因・拡大要因となる一方，人的資

本投資と労働生産性が代替的な場合（$\Phi_{ne} < 0$），人的資本投資は所得リスクをヘッジすることとなる。

　また，教育補助金と資本所得税には別個の役割があることを示している。教育補助金は人的資本投資を増加させ，有効賃金率を増加させる。したがって，労働供給を増加させることで，労働所得税の歪みを緩和するが，人的資本投資を歪める結果となる。一方，資本所得税は2つの経路で労働供給を促進する。第1に，人的資本投資の機会費用を低下させることで，間接的な教育補助金となることであり，1期の労働供給を促進するが，人的資本投資を歪めることとなる。第2に，1期の消費を低下させ（1期の余暇の機会費用を増加させるため）労働供給を増加させることであるが，異時点間の消費選択の歪める欠点があるといえる。後者は，労働供給への歪みを緩和する資本所得税独自の効果であり，生産性ショックのある場合にはたとえ人的資本投資が完全に観察可能であったとしても非ゼロの資本所得税となる。

　このように，Jacobs and Bovenberg［2010］や Schindler and Yang［2015］の研究からは人的資本投資を考慮した場合，労働所得税の労働供給と人的資本投資への歪みを緩和するために資本所得税が用いられるべきことが示唆される。

# Ⅳ．就業選択モデルによる一考察

　前節で紹介した研究では，家計の労働供給行動は「労働時間の選択」（intensive margin）であった。労働時間の選択では，家計はどのくらいの時間働くかまたは努力するかを決定する。一方，家計の労働供給行動としては「就業の選択」（extensive margin）の重要性も指摘されている。就業の選択は，労働市場に参加してある一定時間働くか，働かずに失業するかという選択である[8]。そこで本節では，労働供給行動として「就業の選択」を採用し，人的資本投資を考慮した最適所得税モデルを構築し，労働所得税と資本所得税の関係を検討しよう。

## 1．モデル

0期と1期からなる2期間モデルを考える。家計は全ての家計で同一の初期資産 $a_0$ を持つ。家計はパラメータ $(n, \theta)$ で特徴づけられる（以下では，パラメータ $(n, \theta)$ を持つ家計を家計 $(n, \theta)$ とする）。$n$ は労働生産性を表し，そのサポートを $N = [\underline{n}, \overline{n}]$ とする。$\theta$ は労働不効用を表すパラメータであり，そのサポートは $\Theta = [\underline{\theta}, \overline{\theta}]$ である。パラメータ $(n, \theta)$ の同時密度関数を $f(n, \theta)$ で表し，人口を1に基準化する（$\int_n \int_\theta f(n, \theta) d\theta dn = 1$）。なお，労働生産性と労働不効用は私的情報であり，政府は観察することができない。

家計の消費と人的資本投資は，それぞれ $x$ と $e$ で表される。Jacobs and Bovenberg [2010] 同様，人的資本投資にかかわる費用を $p$ とする。家計は0期に初期資産 $a_0$ を人的資本投資 $e$ と貯蓄 $a$ に配分する。1期の収入関数は $\Phi(n, e)$ で表され，家計の労働生産性と人的資本投資に依存する。1期に家計は就業選択を行う。すなわち，労働供給は $l \in \{0, 1\}$ である。就業した場合 $(l=1)$ には家計の労働不効用は $\theta$ であり，就業せず失業した場合 $(l=0)$ の労働不効用は0と仮定する。また，利子率 $r$ は外生的に決定される。

家計の効用関数は，簡単化のために加法分離な効用関数（の単調変換），
$$U(x, \theta) = u(x - \theta), \tag{9}$$
とし，家計 $(n, \theta)$ の予算制約（レッセ・フェールの場合）は
$$x = \begin{cases} R[a_0 - pe] + \Phi(n, e), & (\text{if } l=1) \\ R[a_0 - pe], & (\text{if } l=0) \end{cases} \tag{10}$$
である。ここで，$R = 1 + r$ である。

家計の問題は予算制約（10）式の下での効用関数（9）式の最大化問題である。$e$ に関する1階条件は，
$$\begin{cases} -Rp + \Phi_e(n, e) = 0 \Leftrightarrow \dfrac{\Phi_e(n, e)}{Rp} = 1, & (\text{if } l=1) \\ -Rp = 0, & (\text{if } l=0) \end{cases} \tag{11}$$
となる。解としての $e$ を $e(l, n, \theta)$ と書くと，$e(0, n, \theta) = 0$ となることがわ

14　　　　　　第1章　リスク，人的資本投資と最適所得税

かる。

　$e$ を所与として，家計は就業選択を行う。すなわち，

$$\begin{cases} \Phi(n, e(1, n, \theta)) - Rpe(1, n, \theta) - \theta > 0 \Rightarrow l = 1, \\ \Phi(n, e(1, n, \theta)) - Rpe(1, n, \theta) - \theta \leq 0 \Rightarrow l = 0, \end{cases} \tag{12}$$

である。(12) 式は，家計の就業時と失業時の消費差額が家計の労働不効用 $\theta$ よりも大きい（小さい）は就業（失業）を選択し，労働供給を行う（行わない）ことを意味する。

## 2. 政府の政策：労働所得税と資本所得税

　ここでは，労働所得税と資本所得税の課税関係を考えるため，政府の政策手段として，非線形の労働所得税 $T$ と失業者への一括移転 $b$，線形の資本所得税 $\tau$ を想定する。

　政府の存在下での家計 $(n, \theta)$ の予算制約は，

$$x = \begin{cases} \hat{R}[a_0 - pe] + \Phi(n, e) - T(\Phi(\cdot)), & (\text{if } l = 1) \\ \hat{R}[a_0 - pe] + b, & (\text{if } l = 0) \end{cases} \tag{13}$$

ここで，$\hat{R} = 1 + r[1 - \tau]$ である。政府の存在下での家計の効用最大化問題は，家計の予算制約が (13) 式となるので，$e$ についての1階条件は，

$$\begin{cases} -\hat{R}p + \Phi_e(n, e)[1 - T'] = 0 \Leftrightarrow \dfrac{\Phi_e(n, e)[1 - T']}{\hat{R}p} = 1, & (\text{if } l = 1) \\ -\hat{R}p = 0 & (\text{if } l = 0) \end{cases} \tag{14}$$

となる。解としての $e$ を $e(l, T, \tau, n, \theta)$ と書くと，$e(0, T, \tau, n, \theta) = 0$ となることがわかる。

　$e$ を所与とした家計の就業選択は，

$$\begin{cases} \theta^* = \Phi(n, e(1, \cdot)) - T(\Phi(\cdot)) - b - \hat{R}pe(1, \cdot) > \theta & \Rightarrow l = 1, \\ \theta^* \leq \theta & \Rightarrow l = 0, \end{cases} \tag{15}$$

である。(15) 式は，家計の就業時と失業時の可処分所得の差額 $\theta^*$ が家計の労働不効用 $\theta$ よりも大きい（小さい）は就業（失業）を選択し，労働供給を行う（行わない）ことを意味する。

最適な消費は,

$$
\begin{cases}
x(1, n, \theta) = \hat{R}[a_0 - pe(1, \cdot)] + \Phi(n, e(1, \cdot)) - T(\Phi(\cdot)), & (\text{if } l = 1) \\
x(0, n, \theta) = \hat{R}a_0 + b, & (\text{if } l = 0)
\end{cases}
\tag{16}
$$

となる。このとき,ある労働不効用,$\theta^*$では,

$$
U(x(0, n, \theta^*), \theta^*) = U(x(1, n, \theta^*), \theta^*), \tag{17}
$$

の性質を満たすことに注目しよう。政府の目的関数である社会厚生関数は,

$$
W = \int_n \int_\theta W(U(\cdot)) f(n, \theta) \, dn d\theta,
$$

である。ここで,$W'(\cdot) > 0,\ W''(\cdot) \leq 0$である。

(17) 式を用いれば,政府の問題は,

$$
\max \quad \int_{\underline{n}}^{\bar{n}} \left[ \int_{\underline{\theta}}^{\theta^*} W(u(x(1, n, \theta) - \theta)) f(n, \theta) \, d\theta + \int_{\theta^*}^{\bar{\theta}} W(u(x(0, n, \theta))) f(n, \theta) \, d\theta \right] dn,
$$

$$
\text{s.t.} \int_{\underline{n}}^{\bar{n}} \left[ \int_{\underline{\theta}}^{\theta^*} [T(\Phi(n, e)) + r\tau[a_0 - pe(1, \cdot)]] f(n, \theta) \, d\theta - \int_{\theta^*}^{\bar{\theta}} [b - r\tau a_0] f(n, \theta) \, d\theta \right] dn = G,
$$

と書くことができる。ここで,$G$ は外生的に与えられる政府の必要税収である。

最適な(実効)参加税率を導出するために,$h(n)$ を労働生産性が $n$ の家計の就業者数,$g(n)$ を労働生産性が $n$ の就業家計に対する平均的な社会的限界厚生ウェイトとして以下のように定義する。

$$
h(n) = \int_{\underline{\theta}}^{\theta^*} f(n, \theta) \, d\theta,
$$

$$
g(n) = \frac{\int_{\underline{\theta}}^{\theta^*} W'(u(x(1, n, \theta) - \theta)) u_x(\cdot) f(n, \theta) \, d\theta}{\lambda h(n)},
$$

ここで,$\lambda$ は政府の予算制約に対するラグランジュ乗数である。このとき,$T(\cdot)$ に関する 1 階条件(数学補論の (24) 式参照)は,

$$
[1 - g(n)] h(n) = [T(\cdot) + b - r\tau pe] h_x(n) + \int_{\underline{\theta}}^{\theta^*} r\tau pe_T f(n, \theta) \, d\theta, \quad \forall n, \tag{18}
$$

となる。ここで,$h_x(n) = \dfrac{\partial \theta^*}{\partial x(1, \cdot)} f(n, \theta^*),\ \dfrac{\partial x(1, \cdot)}{\partial T} = -1$の関係を用いて

いる。

同様に，失業者に対しても，

$$h(0) = \int_{\underline{n}}^{\bar{n}} \int_{\theta^*}^{\bar{\theta}} f(n, \theta) \, d\theta dn,$$

$$g(0) = \frac{\int_{\underline{n}}^{\bar{n}} \int_{\theta^*}^{\bar{\theta}} W'(u(x(0, n, \theta))) u_b(\cdot) f(n, \theta) \, d\theta dn}{\lambda h(n)},$$

と定義すれば，$b$ に関する1階条件（数学補論の（25）式参照）は，

$$[1 - g(0)] h(0) = \int_{\underline{n}}^{\bar{n}} [T(\cdot) + b - r\tau pe] h_0(n) \, dn, \tag{19}$$

となる。ここで，$h_0(n) = \dfrac{\partial \theta^*}{\partial x(0, \cdot)} f(n, \theta^*)$，$\dfrac{\partial x(0, \cdot)}{\partial b} = 1$ の関係を用いている。

（18）式を用いて1階条件の経済学的な意味を考察しよう。労働生産性が $n$ の家計に対する税額を微小変化（$dT > 0$）させることを考える。この税額の増加は就業者との積，$h(n) dT(n)$ だけ税収を増加させるが，労働生産性が $n$ の就業家計の厚生を単位当たり $g(n)$ だけ減少させる。したがって，この増税の機械効果（mechanical effect）のネットの社会的価値（貨幣価値）は $[1 - g(n)] h(n) dT(n)$ である。一方，この増税は労働生産性が $n$ の家計の就業者数を減少させるはずであり，それは $-h_x(n) dT(n)$ で測られる。労働生産性が $n$ の家計は，就業（失業）の選択を行うことで所得税額が $T(\cdot)$ だけ増加（減少）し，失業時に給付された一括移転 $b$ が消失（発生）する。さらに，就業（失業）の選択時には人的資本投資を行う（行わない）ため資本所得税額が $r\tau pe$ だけ減少（増加）するので，労働所得税と一括移転だけでなく資本所得税も考慮して，ここでは $T(\cdot) + b - r\tau pe$ を実効的な参加税としよう。税収に与える影響は，実効的な参加税と就業者数の変化との積，$-[T(\cdot) + b - r\tau pe] h_x(n) dT$ となる。これは増税による参加効果（participation effect）の社会的価値（貨幣価値）である。

人的資本投資を考慮した場合，労働所得税が人的資本投資に与える影響も考える必要がある。本稿のモデルでは，労働所得税の増税により人的資本投資が

変化すると資本所得税の課税標準が変化することになる。この変化は就業を選択するすべての家計に影響するため，資本所得税収の変化は $-\tau\int_{\underline{\theta}}^{\theta^*} r p e_T f(n, \theta) d\theta$ となる。これは増税による人的資本投資に対する行動効果（behavioral effect）の社会的価値（貨幣価値）である。最適では，この3つの効果の合計はゼロとなるので，(18) 式が得られるのである。

$\eta(n)$ を関数 $h$ の弾力性（労働生産性が $n$ の家計の就業弾力性）として，

$$\eta(n) = \frac{h_x(n)\left[x(1,\cdot) - x(0,\cdot)\right]}{h(n)}, \tag{20}$$

のように定義すると，(18) 式は，

$$\frac{T(\cdot) + b - r\tau p e}{x(1,\cdot) - x(0,\cdot)} = \frac{1 - g(n) - \tau k(n)}{\eta(n)}, \quad \forall n. \tag{21}$$

となる。ここで，$k(n) = \dfrac{\int_{\underline{\theta}}^{\theta^*} r p e_T f(n, \theta) d\theta}{h(n)}$，は，労働生産性が $n$ の家計の資本所得税の課税標準の平均的な変化である。また，$\hat{\tau}(n)$ を実効参加税率（effective participation tax rate）として

$$\hat{\tau}(n) = \frac{T(\cdot) + b - r\tau p e}{\Phi(\cdot) - [1 + r]p e}, \tag{22}$$

のように定義する。この参加税率 $\hat{\tau}$ は，労働生産性が $n$ の家計が失業状態から就業状態へ変化することで課税される（失業時の一括移転の消失と資本所得税の変化を含む）課税前所得の割合を示し，課税前所得の $1 - \hat{\tau}$ の割合が，上記の変化から得られる可処分所得になる。

実効参加税率を用いると，$x(1,\cdot) - x(0,\cdot) = \Phi(\cdot) - [1 + r[1 - \tau]]p e - T(\Phi(\cdot)) - b$ の関係より，

$$\frac{\hat{\tau}(n)}{1 - \hat{\tau}(n)} = \frac{1 - g(n) - \tau k(n)}{\eta(n)}, \quad \forall n, \tag{23}$$

が得られ，最適な実効参加税率ルールを表している。最適な実効参加税率ルール (23) 式より，最適な実効参加税率は就業弾力性と反比例すべきことがわかる（逆弾力性ルール）。また，資本所得税の影響として，労働所得税が人的資

本投資を減少させる場合（$k<0$），資本所得税は実効参加税率を増加させることもわかる。これは，資本所得税が労働所得税の人的資本投資への歪みを緩和するためであると考えられる。就業選択モデルでも労働時間の選択を用いる先行研究同様，資本所得税が貯蓄の収益率を引き下げることで，人的資本投資を促進し，労働所得税を補完する役割があるといえる。このように，就業選択モデルを用いても，労働所得税の人的資本投資への歪みを緩和する資本所得税の役割を確認できる。

# Ⅴ．おわりに：わが国の税制改革に対する政策的含意と今後の課題

　本稿では，賃金にリスクが存在する場合と人的資本投資を考慮した最適所得税について考察してきた。ここまでの理論的結果をまとめるとともにわが国の税制改革に対する政策的含意を検討しよう。

　Ⅱ節では賃金リスクを考慮したモデルを概観した。賃金リスクがあり，労働供給行動がリスクの実現前に決定される場合，Cremer and Gahvari［1999］が示したように，労働所得税は家計間の労働供給と消費を同一にするような平等主義的な配分を実現するように設計されるべきである。さらに複数消費財を考慮すると，事前にコミットされる財（住宅や耐久消費財等）は軽課されるべきことも明らかになる（Cremer and Gahvari［1995a, b］）。また複数消費税を異時点間の消費選択としてとらえることで，資本所得税に有用性についても検討することができ，資本所得税はリスク回避的な家計の過大な貯蓄（予備的貯蓄）を修正すること（Cremer and Gahvari［1999］の議論）や資本所得税が貯蓄を変化させることで，労働供給を促進し，労働所得税の歪みを減らす役割を担うこと（Jacob and Schindler［2012］の議論）になる。

　Ⅲ節では人的資本投資を考慮した最適所得税モデルを概観した。人的資本投資は労働生産性に影響を与えるために，人的資本投資がリスクの増加につながるか減少につながるかが論点となる。これは Jacobs and Bovenberg［2011］

やSchindler and Yang［2015］が指摘するように，人的資本投資の収入関数
への影響（収入関数の関数形）に依存する。労働所得税と資本所得税の関係に
注目すると，労働所得税は再分配の役割を担う一方で，人的資本投資からの収
益を低下させるため，人的資本投資に歪みを与える。資本所得税はこの労働所
得税の人的資本投資への歪みを緩和することにある。特に非線形労働所得税を
想定すると，高所得者による低所得者への模倣を防ぐという誘因両立性制約を
緩和する形でも役割が生じる。

　Ⅳ節では，先行研究では考慮されてこなかった家計の労働供給行動である就
業の選択を前提として人的資本投資を考慮した最適所得税モデルを構築した。
本モデルでも労働所得税が人的資本投資を歪めるため，それを緩和する役割を
資本所得税が担うことが明らかになった。労働所得税が人的資本投資を減少さ
せる場合に，資本所得税はその機会費用を減少させることで人的資本投資を促
進するので，資本所得税の存在により実効的な参加税率は増加することとな
る。

　このように，最適所得税モデルを用いた本研究から得られる政策的含意とし
ては，労働所得税が再分配（垂直的公平性）の役割を担い，物品税や資本所得
税などのその他の政策手段は効率性の面から労働所得税の歪みを緩和し，労働
供給や人的資本投資を促進するような役割を担うべきことが示唆される。わが
国の労働所得税について見ると，平成25年度税制改正により，所得税の最高限
界税率が課税所得4,000万円超について45％となっている。また，給与所得控
除についても，平成24年度税制改正により給与収入1,500万円超に上限（控除
額245万円）が設けられ，さらに平成26年度税制改正により上限が引き下げら
れてきている[9]。これらの改正は労働所得税を累進的にするものであるが，そ
の歪みを高める可能性がある。したがって，労働供給を歪めたり，人的資本投
資を過小にしたりすることを防ぐために，資本所得税の役割が重要になるとい
えよう。

　最後に，本稿に残された課題について簡単に指摘しておこう。本稿のモデル
では人的資本投資を考慮したモデルにおいてリスクを導入することができな

20 第1章 リスク，人的資本投資と最適所得税

かった。人的資本投資とともに賃金リスクを考慮するためには，収入関数に関しても不確実性を導入すべきであろう。このような方向でのモデルの展開については今後の課題としたい。

# VI．数学補論

本節は，IV節の政府問題に関する数学補論である。政府の予算制約に対する乗数を $\lambda$ とすれば，政府問題のラグランジュアンは，

$$\Lambda = \int_{\underline{n}}^{\bar{n}} \left[ \int_{\underline{\theta}}^{\theta^*} W(u(x(1, n, \theta) - \theta)) f(n, \theta) d\theta + \int_{\theta^*}^{\bar{\theta}} W(u(x(0, n, \theta))) f(n, \theta) d\theta \right] dn$$
$$+ \lambda \left[ \int_{\underline{n}}^{\bar{n}} \left[ \int_{\underline{\theta}}^{\theta^*} [T(\Phi(n, e)) + r\tau[a_0 - pe(1, \cdot)]] f(n, \theta) d\theta \right. \right.$$
$$\left. - \int_{\theta^*}^{\bar{\theta}} [b - r\tau a_0] f(n, \theta) d\theta \right] dn - G \Big],$$

となる。

$T(\cdot)$ に関する1階条件は，

$$\int_{\underline{\theta}}^{\theta^*} [W'(u(x(1, n, \theta) - \theta)) u_x(\cdot) [-1 - \hat{R}pe_T + \Phi_e e_T - T'\Phi_e e_T]$$
$$+ \lambda[1 - r\tau pe_T]] f(n, \theta) d\theta + \lambda [T(\cdot) + b - r\tau pe] f(n, \theta^*) \frac{\partial \theta^*}{\partial T} = 0,$$
$$\Leftrightarrow \int_{\underline{\theta}}^{\theta^*} [-W'(u(x(1, n, \theta) - \theta)) u_x(\cdot) + \lambda[1 - r\tau pe_T]] f(n, \theta) d\theta$$
$$+ \lambda [T(\cdot) + b - r\tau pe] f(n, \theta^*) \frac{\partial \theta^*}{\partial T} = 0, \quad \forall n, \tag{24}$$

$b$ に関する1階条件は，

$$\int_{\underline{n}}^{\bar{n}} \int_{\theta^*}^{\bar{\theta}} [W'(u(x(0))) u_b(\cdot) - \lambda] f(n, \theta) d\theta dn$$
$$+ \int_{\underline{n}}^{\bar{n}} \lambda [T(\cdot) + b - r\tau pe] f(n, \theta^*) \frac{\partial \theta^*}{\partial b} dn = 0, \tag{25}$$

$\tau$ に関する1階条件は，

第1章　リスク，人的資本投資と最適所得税　　21

$$\int_{\underline{n}}^{\overline{n}}\Big[\int_{\underline{\theta}}^{\theta^*}\big[\,W'(u(x(1,\,n,\,\theta)-\theta))\,u_x(\cdot)\,\big[-r[a_0-pe]-\hat{R}pe_\tau+\Phi_e e_\tau-T'\Phi_e e_\tau\,\big]$$

$$+\lambda\,[\,r[a_0-pe]+[T'\Phi_e-r\tau p]e_\tau\,]\,]\,f(n,\,\theta)\,d\theta$$

$$+\int_{\theta^*}^{\overline{\theta}}[-W'(u(x(0)))\,u_b(\cdot)\,ra_0+\lambda ra_0\,]\,f(n,\,\theta)\,d\theta$$

$$+\lambda\,[\,T(\cdot)+b-r\tau pe\,]\,f(n,\,\theta^*)\,\frac{\partial\theta^*}{\partial\tau}\Big]dn=0,$$

$$\Leftrightarrow\int_{\underline{n}}^{\overline{n}}\Big[\int_{\underline{\theta}}^{\theta^*}[-W'(u(x(1,\,n,\,\theta)-\theta))\,u_x(\cdot)+\lambda\,]\,r[a_0-pe]\,f(n,\,\theta)\,d\theta$$

$$+\lambda\int_{\underline{\theta}}^{\theta^*}[\,T'\Phi_e-r\tau p]e_\tau f(n,\,\theta)\,d\theta+\int_{\theta^*}^{\overline{\theta}}[-W'(u(x(0)))\,u_b(\cdot)+\lambda\,]\,ra_0 f(n,\,\theta)\,d\theta$$

$$+\lambda\,[\,T(\cdot)+b-r\tau pe\,]\,f(n,\,\theta^*)\,\frac{\partial\theta^*}{\partial\tau}\Big]dn=0,\tag{26}$$

とそれぞれ導出できる。


## 謝辞

　本稿は JSPS 科研費 JP15K17073，JP15K03523の助成による研究成果の一部である。


## ［注］

1 ）　Varian［1980］は，不確実性の存在下では，課税に公平・効率・保険の3種類のトレード・オフが存在すると指摘している。

2 ）　家計が事前（賃金ショックの前）にも生産性に関して異質であり，さらに賃金率に関して不確実性が存在する研究としては，Mirrlees［1990］があげられる。Mirrlees［1990］はいくつかの前提の下で，近似的な最適税率が不平等に関して増加関数であることを指摘している。また，2000年代以降に研究の進む Mirrlees 型の動学的最適所得税の研究（NDPF）も異質な生産性の下での生産性ショックを扱っている。NDPF については，Kocherlakota［2010］や國枝［2010］，高松［2013］を参照。

3 ）　通常の非線形最適所得税のモデルについては，高松・井上［2014］を参照。

4 ）　Jacobs and Schindler［2012］のモデルの概要は次のとおりである。2期間のライフサイクルモデルにおいて，家計は両期で消費と余暇を選択する。家計は事前に同一であり，両期で保険でカバーできないスキルショックがある。完全な資本市場，政府の完全コミットメントを前提とする。

## 22　第1章　リスク，人的資本投資と最適所得税

政府の政策手段は線形の労働所得と資本所得税であり，年齢に独立した税である。

5 ）　NDPFの文脈では最適配分とその遂行方法を区別することが重要である。例えば，最適配分で正の異時点間のくさび（intertemporal wedge）が望ましいとしても，その配分を資本所得税によって遂行するとは限らない。なお，NDPFの文脈で人的資本投資を観察可能とした研究としてはAnderberg［2009］などが，観察不可能とした研究としてはGrochulski and Piskorski［2010］などがある。

6 ）　Schindler and Yang［2015］のモデルは，Jacobs et al.［2012］に資本所得税を加えたモデルである。

7 ）　Jacobs and Bovenberg［2011］は，色々な収入関数で教育に対する最適税を考察している。具体的には，人的資本投資が時間当たりの賃金率にほぼ影響しない場合（$\Phi_{le} \to 0$），収入関数において労働生産性と人的資本投資が補完的（$\Phi_{ne} > 0$）ならば，再分配の理由から教育税が望ましい。労働生産性が人的資本投資の生産性にほぼ影響しない場合（$\Phi_{ne} \to 0$），収入関数において労働時間と人的資本投資が補完的（$\Phi_{le} > 0$）ならば，効率の理由から，教育補助金が望ましい。といったことを明らかにしている。

8 ）　実証研究では，Meghir and Phillips［2010］，理論研究ではDiamond［1980］，Saez［2002］，Choné and Laroque［2005, 2011］,Jacquet et al.［2013］などを参照。

9 ）　平成28年分については，給与収入1,200万円が上限（控除額230万円），平成29年分以降について給与収入1,000万円が上限（控除額220万円）となっている。

## ［参考文献］

Anderberg, D. [2009], "Optimal Policy and the Risk Properties of Human Capital Reconsidered," *Journal of Public Economics*, Vol. 93, pp. 1017-1026.

Atkinson, A. B. and J. E. Stiglitz [1976], "The Design of Tax Structure: Direct versus Indirect Taxation," *Journal of Public Economics*, Vol. 6, pp. 55-75.

Bovenberg, A. L. and B. Jacobs [2005], "Redistribution and Education Subsidies are Siamese Twins," *Journal of Public Economics*, Vol. 89, pp. 2005-2035.

Choné, P. and G. Laroque [2005], "Optimal incentives for labor force participation," *Journal of Public Economics*, Vol. 89, pp. 395-425.

Choné, P. and G. Laroque [2011], "Optimal taxation in the extensive model," *Journal of Economic Theory*, Vol. 146, pp. 425-453.

Cremer, H. and F. Gahvari [1995a], "Uncertainty and Optimal Taxation: In Defense of Commodity Taxes," *Journal of Public Economics*, Vol. 56, pp. 291-310.

Cremer, H. and F. Gahvari [1995b], "Uncertainty, Optimal Taxation and the Direct Versus Indirect Tax Controversy," *Economic Journal*, Vol.105, pp. 1165-1179.

Cremer, H. and F. Gahvari [1999], "Uncertainty, Commitment, and Optimal Taxation," *Journal of Public Economic Theory*, Vol. 1 (1), pp. 51-70.

Diamond, P. A. [1980], "Income Taxation with Fixed Hours of Work," *Journal of Public Economics*, Vol. 13, pp. 101-110.

Eaton, J. and H. S, Rosen [1980], "Labor Supply, Uncertainty, and Efficient Taxation," *Journal of Public Economics*, Vol. 14, pp. 365-374.

Grochulski, B. and T. Piskorski [2010], "Risky human capital and deferred capital income taxation," *Journal of Economic Theory*, Vol. 145, pp. 908-943.

Jacobs, B. and A. L. Bovenberg [2010], "Human Capital and Optimal Positive Taxation of Capital Income," *International Tax and Public Finance*, Vol. 17, pp. 451-478.

Jacobs, B. and A. L. Bovenberg [2011], "Optimal Taxation of Human Capital and the Earnings Function," *Journal of Public Economic Theory*, Vol. 13 (6), pp. 957-971.

Jacobs, B. and D. Schindler [2012], "On the desirability of taxing capital income in optimal social insurance," *Journal of Public Economics*, Vol. 96, pp. 853-868.

Jacobs, B., Schindler, D. and H. Yang [2012], "Optimal Taxation of Risky Human Capital," *Scandinavian Journal of Economics*, Vol. 114 (3), pp. 908-931.

Jacquet, L., Lehmann, E. and B. Van der Linden [2013], "Optimal redistributive taxation with both extensive and intensive responses," *Journal of Economic Theory*, Vol. 148, pp. 1770-1805.

Kocherlakota, N. R. [2010], *The New Dynamic Public Finance*, Princeton University Press.

Meghir, C. and D. Phillips [2010], "Labour Supply and Taxes," Mirrlees, J., Adam, S., Besley, T., Blundell, R., Bond, S., Chote, R., Gammie, M., Johnson, P., Myles, G. and J. Poterba eds., *Dimensions of Tax Design: The Mirrlees Review*, Ch. 3, pp. 202-274, Oxford, Oxford University Press.

Mirrlees, J. A. [1971], "An Exploration in the Theory of Optimum Income Taxation," *Review of Economic Studies*, Vol. 38 (2), pp. 175-208.

Mirrlees, J. A. [1990], "Taxing Uncertain Incomes," *Oxford Economic Papers*, Vol. 42, pp. 34-45.

Myles, G. D. [1995], *Public Economics*, Cambridge University Press.

Saez, E. [2001], "Using Elasticities to Derive Optimal Income Tax Rates," *Review of Economics Studies*, Vol. 68 (1), pp. 205-229.

Saez, E. [2002], "Optimal Income Transfer Programs: Intensive versus Extensive Labor Supply Responses," *Quarterly Journal of Economics*, Vol. 117 (3), pp. 1039-1073.

Schindler, D. and H. Yang [2015], "Catalysts for social insurance: education subsidies versus physical capital taxation," *International Tax and Public Finance*, Vol. 22, pp. 274-310.

Varian, H. R. [1980], "Redistributive Taxation as Social Insurance," *Journal of Public economics*, Vol. 14, pp. 49-68.

國枝繁樹 [2010]，「ニュー・ダイナミック・パブリック・ファイナンスと資本課税」証券税制研究会編『資産所得課税の新潮流』第1章，公益財団法人日本証券経済研究所，1-27頁。

高松慶裕 [2013]，「Mirrlees 型の動学的最適所得税の展開—資本所得税の役割に注目して—」『証券経済研究』第81号，公益財団法人日本証券経済研究所，127-142頁。

高松慶裕・井上智弘 [2014]，「租税」須賀晃一編『公共経済学講義—理論から政策へ』第5章，有斐閣，113-139頁。

# 第2章　バブルと税制：再考

國　枝　繁　樹

## Ⅰ．イントロダクション

　資産バブルの生成と崩壊は，最近の各国の経済危機の主因となってきた。我が国では，1980年代の後半の土地・株式バブルの崩壊の後，いわゆる失われた20年が続いた。米国においては，1990年代末にITバブルが起こったが，その崩壊と同時多発テロの影響で米国経済は不況に陥った。その後，住宅バブルの崩壊が，サブプライムローン危機を招き，世界金融恐慌を引き起こした。中国においても，不動産バブルと株式バブルの崩壊が，最近の経済成長の低下につながっている。

　バブルの発生を抑制する政策としては，金融当局による金融機関のリスク管理強化や中央銀行による金融引締めが考えられるが，いくつかの国においては，キャピタルゲイン税や資産保有税の導入・強化等の税制での対応も講じられてきた。代表的な事例としては，不動産バブルに対して講じられていた我が国の土地譲渡益税の強化や地価税の導入があげられる。また，中国では，不動産バブルに対応して，上海・重慶で不動産保有税が導入され，また，台湾では，遊休土地課税が導入された。

　さらに，証券市場でのバブルに対し，EU諸国においては，金融取引税の導入により，これを抑制しようとする動きがあり，フランスおよびイタリアにおいては，実際に金融取引税が導入された（國枝［2016］）。

　しかし，アカデミックな研究者の間では，資産バブル抑制のためのキャピタ

ルゲイン税や他の税の課税強化はあまり人気がない。例えば，Keen et al. [2010] は，「キャピタルゲイン税の税率引上げは，資産価格を下落させるかも知れないが，（他の資産で得られるのと同様の税引き後の収益率を引き続き得るために）資産価格の上昇率を増加させるかも知れない」と指摘し，「税制上の措置は，資産価格の動きに重要な効果を与えうるが，バブルに対処するための最善の策ではない可能性が高い」（以上，日本語訳は筆者による）との考え方を示している。しかし，こうした議論は，明示的にバブルを組み込んだモデルによる分析に基づくものではない。

　本論文の第Ⅱ節においては，バブルの存在を明示的に組み込んだモデル（Kunieda [1989]）に基づき，キャピタルゲイン課税その他の課税が，バブルの持続可能性への影響を通じて，資産バブルを抑制するのに有効であることを示す。第Ⅲ節および第Ⅳ節では，我が国における1980年代後半から90年代後半の不動産バブル，1870年代のうさぎバブルの事例が，本稿のモデルと整合的であることを指摘する。

　第Ⅴ節においては，バブルによる資産価格の上昇が信用制約を緩和し，生産的な投資を促進する「バブルのクラウディング・イン効果」が重視されている最近の合理的バブルのモデルを紹介する。他方，従来の合理的バブルのモデルでは，バブルによるクラウディング・アウト効果が指摘されており，望ましいキャピタルゲイン税を考えるためには，バブルのクラウディング・イン効果とクラウディング・アウト効果のトレードオフを勘案する必要がある。ただし，信用制約が重要な部門がわかっている場合には，一般的なキャピタルゲイン課税を強化しつつ，信用制約が重要な部門に係る資産からのキャピタルゲインのみ軽課することで，信用制約の厳格化という弊害を抑えつつ，バブルを抑制することが可能になる。

　最後に，簡単な結論を述べ，本稿の結びとする。

# Ⅱ．合理的バブルと税制

## 1．Tirole［1985］モデルと税制

バブルと税制の関係を分析するには，バブルを明示的に組み込んだモデルが不可欠だが，バブルと税制を巡る従来の議論においては，バブルを明示的に組み込んだモデルに基づく検討はなされてこなかった。それに対し，Kunieda［1989］は，Tirole［1985］の合理的バブル・モデルに，明示的にキャピタルゲイン税制を導入し，税制の影響の分析を行った。

Tirole［1985］のモデルは，標準的な Diamond の OLG モデルに，合理的バブルを組み込んだものである。ここでは，人口成長率を n（＞0）とし，（単純化のため）生産性上昇はないと仮定する。2種類の資産が存在する。一つは，（生産的）資本 $K_t$ である。単純化のため，資本は減耗しないと仮定する。また，資本から生じる利益は，配当か，次世代への株式の売却から得るキャピタルゲインの形で，還元されるとする。利益からの配当性向 $a$ は一定とする。これに加え，有用性のない資産（固定量）に生じるバブル $B_t$ が存在しうる。有用性がないため，この資産を保有しても，配当は期待できず，ファンダメンタルバリューは0だが，次世代に購入価格よりも高値で売却ができれば，キャピタルゲインを得ることができる。

政府は，配当課税（税率 $t_d$）とキャピタルゲイン課税（税率 $t_g$）を課税する。従って，生産的資本からの税引き後収益率は，$((1-t_d)a+(1-t_g)(1-a))f'(k)$ となる。（k は，1人当たりの生産的な資本ストック。f(k) は，1人当たりの生産関数。）バブルからの収益には，キャピタルゲイン課税のみがなされる。

多くの国において，キャピタルゲイン課税の税率は，他の資本所得税の税率よりも低く設定されてきた。また，法定税率が同一でも，キャピタルゲイン課税は実現時課税のため，納税者が課税のタイミングを選択できることから実効

税率が法定税率よりも相当低いことが知られている。従って，本モデルでは，キャピタルゲイン課税の税率は，配当課税の税率よりも低い（$t_g < t_d$）と仮定する。課税の効果のみに焦点を当てるため，両税からの税収は，そのまま，ランプサム・トランスファーとして納税者に給付すると仮定する。

## 2．均衡条件

本モデルの均衡は，2つの条件を充たす必要がある。

一つは，資本蓄積条件である。1人当たりの家計の貯蓄は，税引き後利子率と賃金の関数となるが，さらに賃金が今期の1人当たりの資本ストック $k_t$ の関数で示され，また利子率は，来期の資本ストックに依存するので，前期の1人当たりの資本ストック $k_{t+1}$ の関数となる。これらを踏まえ，1人当たりの貯蓄関数を，$s(w(k_t), ((1-t_d)a + (1-t_g)(1-a))f'(k_{t+1}))$ で表す。貯蓄は，資本とバブルの2種類の資産に投資される。（バブルが存在しない場合もありうる。）人口が n の成長率で増加するため，1人当たり資本の水準を維持するためには，$(1+n)$ 倍の資本が必要となる。その結果，資本蓄積式は，次の式で示される。

$$(1+n)k_{t+1} = s(w(k_t), ((1-t_d)a + (1-t_g)(1-a))f'(k_{t+1})) - b_t \quad （1）$$

もう一つの条件は，バブルの存在する場合（$b_t > 0$）の場合の資産選択の裁定条件である。生産的資本からの税引き後収益率 $((1-t_d)a + (1-t_g)(1-a))f'(k_{t+1})$ とバブルからの税引き後収益率 $(1-t_g)((1+n)b_{t+1}/b_t - 1)$ が，投資家の裁定取引により等しくなる。

$$((1-t_d)a + (1-t_g)(1-a))f'(k_{t+1}) = (1-t_g)((1+n)b_{t+1}/b_t - 1) \quad （2）$$

バブルが存在しない（$b_t = 0$）の場合には，資産の選択の余地はないので，裁定条件は必要なく，均衡は，（1）の資本蓄積式のみから決定されることになる。これは，Diamond［1970］の資本課税が存在する場合の OLG モデルの均衡条件に対応する。

## 3．2種類の定常均衡と均衡経路

2つの均衡条件を充たす定常均衡とそこへの均衡経路を考えるため，$k_{t+1}=k_t$ とした場合の資本蓄積式（（1）式）と $b_{t+1}=b_t$ とした場合の裁定条件（（2）式）を，横軸を（1人当たり）資本 k，縦軸を（1人当たり）バブル b とした位相図に示したのが，図表2－1である。同図表において，資本蓄積式と裁定条件の交点となっている $E_b$ 点が一つの定常均衡であり，バブルが正の値となっているので，bubbly 定常均衡と呼ぶ。もう一つの可能性は，バブルが存在せず（b＝0），資産選択の裁定条件自体が適用されない状況で，図表2－1では，$E_d$ で示されている定常均衡である。この場合は，バブルが存在しないので，bubbleless 定常均衡と呼ぶ。それぞれの定常均衡について考えてみる。

① Bubbly 定常均衡（$E_b$）と均衡経路

Bubbly 定常均衡（$E_b$）においては，1人当たりバブルの額 b が正の値に収束している。1人当たりのバブルは増加しなくとも，ある世代の保有するバブルを購入する次世代の人口が成長率 n で増加することから，定常状態でも，バブルの価格は，n の収益率で増加する。定常状態における資本水準は，図表

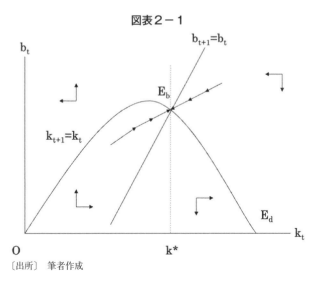

図表2－1

〔出所〕 筆者作成

2 − 1では，k*で示されている。

　さらに，定常状態以外の状態では，矢印で示された方向に均衡が移動してい
く。経済が bubbly 定常均衡（$E_b$）に収束していくためには，同図表の $E_b$ に
収束していく矢印で示された鞍点経路（saddle path）上に経済が存在する必
要がある。当初，k*以外の資本水準にある経済において，鞍点経路上の1人
当たりバブルの額に対応するバブルの価格が付されれば，経済は，次第に
bubbly 定常均衡（$E_b$）に収束していくことになる。

　定常状態においては，$b_{t+1} = b_t$ なので，裁定条件（（2）式）より，次の式
が得られる。

$$n = f'(k^*)\left[1 + \frac{(t_g - t_d)}{1 - t_g}\right] \tag{3}$$

　一般的には，キャピタルゲイン課税の実効税率の方が他の資本所得税の実効
税率よりも低い（$t_g < t_d$）ので，（3）より，$f'(k^*) > n$ が言えることになる。
Tirole［1985］により，税制を考慮しない場合，利子率が経済成長率よりも高
い動学的に効率的な経済においては，バブルが生じないことが理論的に示さ
れ，先進主要国は，Abel et al.［1989］により動学的に効率的であることが確
認されていたことから，合理的バブルが生じる余地はないと理解されてきた。
しかし，Kunieda［1989］は，利子率が成長率よりも高い動学的な効率的な経
済においても，バブルが税制上優遇されていれば，バブルが生じうることを示
したことになる。

　② Bubbleless 定常均衡（$E_d$）と均衡経路

　もう一つの定常均衡は，バブルが存在せず，資本蓄積式のみから決定される
bubbleless な定常均衡で，図表2 − 1では，$E_d$ で表わされている。これは，
Diamond［1965, 1970］の OLG モデルの定常均衡に対応する。

　バブルを含むモデルが，他のモデルと異なる点の一つが，均衡が複数あるこ
とである。Bubbleless 定常均衡に収束する均衡経路も複数存在する。バブル
が存在するが，その規模が，鞍点経路上のバブルの水準よりも低い場合，図表
2 − 1の位相図の矢印に従って，経済が移動し，最終的には bubbleless 定常

均衡に収束する。また，当初よりバブルが存在しない場合には，図表2－1の横軸の上を経済が移動し，最終的にbubbleless定常均衡に収束する。

## 4．キャピタルゲイン課税の税率引上げの効果

### （1） 新しいBubblyな定常状態への移行

キャピタルゲイン課税の税率を引き上げると，資産選択におけるバブルの税制上の相対的な有利さが縮小する。このため，ポートフォリオ中のバブルの割合が減少し，代わりに生産的資本の割合が増加する。このポートフォリオ代替効果は，図表2－2においては，$b_{t+1}=b_t$カーブの右方へのシフトで表される。

他方，資本の得た利益が全額配当として支払われない限り，キャピタルゲイン課税引上げにより，資本からの所得の税負担は重くなる。それにより，貯蓄が抑制される[1]。図表2－2においては，$k_{t+1}=k_t$カーブの下方へのシフトに対応する。

新しい定常状態は，bubbly定常均衡の場合（図表2－2の$E_b’$）とbubbleless定常均衡の場合（図表2－2の$E_d’$）の2つのケースがありうる。

まず，新しいbubbly定常均衡への移行のケースの場合，キャピタルゲイ

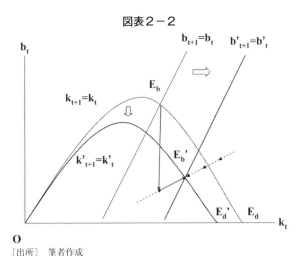

図表2－2

〔出所〕 筆者作成

増税により，Keen et al. ［2010］が指摘したように，バブルの増加率はより
高くなる必要がある。しかし，当初の資産価格を維持したまま，より高い増加
率でバブルが増加しようとしても，新しい鞍点経路の上方に位置するので，い
ずれバブルは経済全体を上回る規模となってしまい，持続不可能である。従っ
て，資産価格は，新しい bubbly な定常均衡 $E_b'$ に収束する場合は，まず新し
い鞍点経路まで下落し，その後，経済は鞍点経路に沿って移動し，新しい
bubbly 定常均衡に達する。しかし，新しい定常状態の下でのバブルの規模は，
$b_{t+1}=b_t$ カーブが右方へシフトし，$k_{t+1}=k_t$ カーブが下方へシフトしているこ
とに鑑みれば，図表2－2で示されているように，増税前のバブルの規模より
も必ず小さくなる。従って，Keen et al. ［2010］の指摘とは異なり，キャピ
タルゲイン増税により，バブルの規模は抑制される。また，キャピタルゲイン
増税後の新しい bubbly な定常状態においては，家計の資産選択において，バ
ブルより生産的資本を保有するインセンティブが増えるので，生産的資本は増
加する。資産バブルが存在する場合に，キャピタルゲイン課税強化により，資
本ストックが増加する可能性があるという驚くべき結論は，Kunieda ［1989］
の重要な指摘の一つである。

　キャピタルゲイン増税に伴い，新しい bubbly 均衡に移行する場合の古い定
常状態と新しい定常状態における経済厚生の比較も考えることができる。一般
的な場合には，経済厚生は，増加・減少の双方の可能性があるが，当初のキャ
ピタルゲイン税の実効税率が0に近い状況の場合は，キャピタルゲイン増税で
経済厚生は必ず上昇することを示すことができる（詳細は，Kunieda ［1989］
を参照されたい。）

## （2）　Bubbleless な定常均衡への移行

　これまでは，新しい定常状態が bubbly な定常状態であることを前提に論じ
てきたが，キャピタルゲイン増税により，資産バブルが完全に崩壊（クラッ
シュ）することもありうる。資産価格の下落が非常に大きく，完全に崩壊した
場合，即時に bubbleless 均衡に移行し，次第に bubbleless 定常均衡に収束す

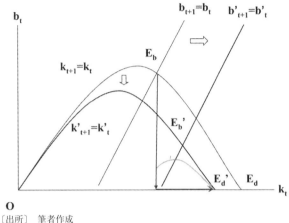

〔出所〕 筆者作成

る（図表2－3の横軸上の矢印に対応する）。または，キャピタルゲイン増税直後には，資産バブルは若干残るものの，次第にbubbleless定常均衡に収束する可能性もある（図表2－3の $E_d'$ に向かう曲がった矢印に対応する）。この場合も，生産的資本は必ず増加する。経済厚生については，増減の両方の可能性がある。

### （3） 他の税制によるバブル抑制

キャピタルゲイン課税がバブル抑制に効果的なのは，資産選択の裁定条件において，キャピタルゲイン増税が，バブルの税制上の有利さを縮小させるからである。これまでは，生産的資本からのキャピタルゲインにも，同率のキャピタルゲイン課税がなされることを仮定してきたが，バブルの発生している（あるいは発生する可能性が高い）資産を特定して，その資産に係るキャピタルゲインのみの特別なキャピタルゲイン課税を行うことも可能である。例えば，不動産にバブルが生じていることが明らかな状態では，不動産譲渡益税を強化することが考えられる。バブルのみに課するキャピタルゲイン税の税率を $t_s$ とすると，資本蓄積式（1）は変わらないが，資産選択の裁定条件（2）式は，

34　　　　　　　　　　　第2章　バブルと税制：再考

次のように修正される。

$$((1-t_d)a+(1-t_g)(1-a))f'(k_{t+1})=(1-t_s)((1+n)b_{t+1}/b_t-1) \quad (2)'$$

　バブルのみの課税強化（$t_s$の引上げ）は，（2）'式の右辺のみに影響するため，全資産に対するキャピタルゲイン税の同率の税率引上げよりも，より強力にバブルの税制上の有利さを縮小させる。このため，図表2-2の$b_{t+1}=b_t$カーブは，より大幅に右方にシフトする。他方，資本蓄積式（1）には変化がないため，$k_{t+1}=k_t$カーブはシフトしない。従って，バブルに伴うキャピタルゲインのみの税率引上げは，経済が新しいbubbly定常状態に移行する場合，同率の全てのキャピタルゲインに対する税率引上げよりも，資本ストックを大幅に引き上げる[2]。ただし，現実には，バブルの生じる資産を見分けることに困難が伴うことも想定され，その場合には，バブルのみに課税強化を図ることは難しいかも知れない。

　また，キャピタルゲイン課税でなく，バブルが生じている資産に資産保有税を課すことも考えられる。資産保有課税強化により，バブルの資産選択の税制上の有利さが失われれば，バブルは抑制される（Kunieda［2016］）。我が国の不動産バブルの際には，地価税の導入と固定資産税の課税強化が図られた。

## （4）　税制のバブルへの効果の実証研究の難しさ

　上述のように，バブルを明示的に組み入れたモデルにより，キャピタルゲイン課税増税等の税制が資産バブルにどのような影響を与えるかを理論的に考察することができる。しかし，本モデルに基づいて，税制がバブルにどのように影響を与えるかを実証的に分析しようとすると，根本的な問題がある。すなわち，本モデルは，基本的に複数均衡モデルであり，キャピタルゲイン課税の減税で，バブルが発生する場合（bubbly均衡）と発生しない場合（bubbleless均衡）がありうる。従って，単純に，依存変数として資産価格，独立変数の一つとしてキャピタルゲイン税率を入れて，回帰分析を行う場合，本モデルが正しいとしても，複数均衡のため，キャピタルゲイン税率の係数が統計的に有意とならない可能性がある。

しかし，資産価格がバブルによるものか，ファンダメンタル価格によるものかを，次の点から確認することは可能である。

①　バブルが存在する場合，キャピタルゲイン税や資産保有税の強化は，バブルの崩壊をもたらす可能性がある。その場合，資産価格の下落幅は，増税分の現在価値よりも大きくなりうる。これに対し，ファンダメンタル価格の場合，税の資本化による資産価格の下落幅は，現在および将来の税の増収額の現在価値に等しい。

②　課税強化により資産バブルが崩壊した場合，その後，税率が以前の水準に戻されても，資産価格は課税強化前の価格まで回復しない可能性がある。これに対し，ファンダメンタル価格の場合には，税率が元に戻れば，資産価格も課税強化前の水準に回復する。

この2点を確認することで，資産価格の高騰がファンダメンタルによるものか，バブルによるものか判断できる。

# Ⅲ．日本の土地価格バブルと土地税制改革

我が国においては，1980年代末以降，不動産バブルに対応する土地税制改革の方向性を巡る議論がなされた。その際，政府税制調査会等においては，土地譲渡益税・土地保有税（固定資産税・地価税）の導入・強化が提案され，1990年代初めに，地価税導入，固定資産税の課税強化および土地譲渡益課税強化といった土地税制改革が行われた。

これに対し，一部経済学者等は，ロックイン効果を重視し，不動産の供給を増やし，地価を下げるために土地譲渡益税の軽減が必要と論じた（宮尾[2001]，山崎[1999]等）。しかし，彼らの議論は，バブルを明示的に組み入れない部分均衡モデルで議論しており，しかも，不動産の売り手は農家のみとし，不動産の買い手は転売をしないと仮定するなど，非現実的な仮定に基づくものであった（問題点の詳細については，國枝[2009]の説明を参照されたい）。本稿で示したモデルは，政府税制調査会で提案された土地譲渡益税や土地保有

税の導入・強化こそが，バブル抑制に貢献することを明らかにしている。

　我が国の地価は，土地税制が強化された1990年代前半には下落に転じる。地価下落を受けて1996年以降，土地税制政策は軽減の方向に転じる。地価税は停止となり，不動産譲渡益税は軽減された。こうした土地課税軽減にもかかわらず，2000年代半ばまで地価は下落を続けた。

　土地税制強化後に地価が大幅に下落した一方，1990年代後半以降，土地税制が軽減に転じても，地価が上昇に転じなかったことは，本モデルの結論と整合的である。

　ただし，我が国のバブル対策のもう一方の主要な政策である金融引締め（日本銀行の金利引上げ，不動産融資規制）の開始時期と，土地税制強化のタイミングが近いことから，土地課税強化の地価下落への効果と金融引締めの地価下落への効果を切り離すのは困難という問題がある。

# Ⅳ．1870年代初頭の日本におけるうさぎバブル（Rabbit mania）と兎税

　資産保有税の導入が，バブルを明確な形で抑制した事例としては，明治初期の我が国における「うさぎバブル」と兎税導入によるバブル崩壊がある（東京都［1963］，川崎［1976］）。

　明治初めの1872-73年に，輸入された外国品種のうさぎが東京の富裕層の間でペットとして流行し始めた。次第にうさぎの価格が上昇し始め，うさぎのオークションが頻繁に開催されるようになる。うさぎの価格は急上昇し，投機目的での飼育が東京の旧士族を中心にさかんになる。投機的バブル特有の狂乱的な事態も発生する。図表２－４のような大相撲の番付表に似せた当時の著名なうさぎを列挙した「うさぎ番付表」も作られた。

　事態を憂慮した東京府は，うさぎのオークションを禁止するが，外国人居留地で外国人の名前を借りて，オークションは続けられた。このため，東京府は，1873年12月に兎税を導入することを決定した。同税は，登録されたうさぎ

第2章 バブルと税制：再考　　　　　　　　　　　　　37

図表2−4

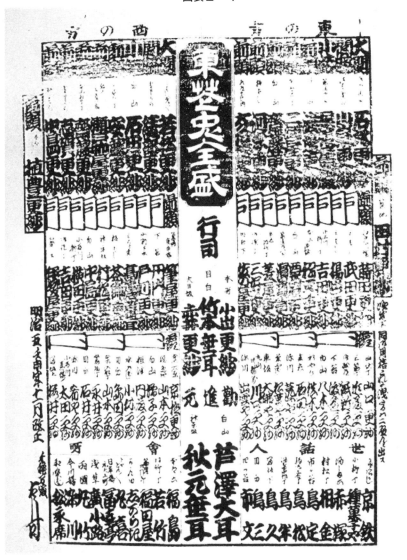

38　　第2章　バブルと税制：再考

### 図表2－5

〔出所〕　郵便報知新聞，1973年

　1羽につき当時としては非常に重い1ヶ月1円の税額で課税がなされる。うさぎが非登録の場合には2倍の税の支払いを求められる。
　兎税導入が発表された直後，東京からうさぎが姿を消す。それまで大切に育てられてきた多くのうさぎが捨てられたり，衣料用・食用に殺されたりした。うさぎの価格も暴落した。（図表2－5は，飼い主がうさぎを手放す様子を擬人化して描いた当時の大津絵である。）非合法のオークションでの取引なの

で，残念ながら，うさぎの良質な価格データは存在しないが，当時の新聞記事情報によれば，高額なうさぎについては，単純な仮定の下で推計した兎税の将来にわたる税負担の現在価値以上にうさぎの価格が下落したと見られる（Kunieda［2016］）。その後，1879年に兎税は廃止される。しかし，兎税廃止後もうさぎバブルは再発することはなかった。

兎税導入のうさぎバブルへの影響は，兎税導入でバブルが崩壊し，後に兎税が廃止されてもうさぎの価格が回復しなかったという点で，本稿のモデルと整合的と考えられる。うさぎバブルの事例は，税制がバブル抑制に効果的であることを示している。

# V．最近のバブルのモデルと税制

## （1）　最近の合理的バブル・モデルの進展

米国の住宅バブルが世界金融危機の背景にあったことから，マクロ経済学の分野を中心に，バブルに関する分析が再び活発となった。そうした分析の中では，既存のバブルのモデルの問題点も指摘された。すなわち，従来のバブルのモデルにおいては，バブルの発生によって，家計貯蓄は生産的な資本から非生産的なバブルへの投資に移行する。従って，バブルの発生で，資本ストックやGDP の低下が観察されるはずである。

しかし，日本のバブル期，米国の IT バブル時および住宅バブルのような現実のバブルは，企業投資が活発な好況時に発生している。

最近の合理的バブル・モデルは，この点を説明しようとして，資本市場の不完全性を考慮したモデルを構築している。情報の非対称性等の理由により，資本市場は不完全であり生産的な投資機会があっても，資金調達ができないという非効率性が存在している。そうした場合でも，Kiyotaki and Moore［1997］が示したように，資産を担保に提供することで，信用制約を緩和できれば，生産的な投資が実施され，効率性も向上することになる。最近の Martin and Ventura［2012］，Farhi and Tirole［2012］，Miao and Wang［2012］，Hirano and Yanagawa［2013］等のモデルは，合理的バブルのモデルに，こうした点を組み入れている。

　例えば，Martin and Ventura［2012］のモデルは，Diamond［1965］の2期間 OLG の枠組みの中で，現役世代が資本市場の不完全性から投資機会を持ちながら，借入ができない状態を想定する。ここで，現役世代は自らバブルを生み出すことができ，その場合は，バブルを他人に売却することで投資資金を得て，投資を実現することができると仮定する。さらに，現役世代の中に生産的な投資機会を有する者と非生産的な投資機会を有する者の2種類が存在するとする。非生産的な投資機会を有する者は，自らバブルを生み出す代わりに，生産的な投資機会を有する現役世代の生み出すバブルを購入することも選択できる。また，Tirole［1985］のように，退職世代から現役世代へのバブルの売却も存在するため，結局，3種類のバブルの存在が想定されている。

　退職世代が売却するバブルは，Tirole［1985］のモデルと同様に，生産的な投資を代替するクラウディング・アウト効果を持ちうる一方，投資機会を有する現役世代が生み出すバブルは，投資を促進するクラウディング・イン効果を持つ。バブルによるクラウディング・イン効果による生産的な投資機会の実現の影響が大きければ，Tirole［1985］のモデルと異なり，景気拡大的な bubbly 均衡も可能となる。また，Kunieda［1989］は，バブルと生産的資本の間に税制上の取扱いの違いがある場合は，経済が動学的に効率的でも，バブルが発生しうることを示したが，同様に，信用制約が存在する場合においても，動学的に効率的な経済下で，バブルは発生しうることになる（Martin and Ventura［2012］）。

## （2）　信用制約が存在する場合のバブルと税制

　バブルが景気拡大に資する可能性が存在することは，バブルに対する政策のあり方にも影響を与えうる。

　金融政策の分野では，資産バブルに関し，中央銀行の金融政策は物価安定のみに焦点を合わせればよいという FED view と，資産バブル抑制にも配慮す

べきとする BIS view があり，論争があった。同論争の暗黙の前提は，金利引上げによる引締め策は，バブルを抑制するとの理解であったが，Gali［2014］は異議を唱えている。また，国債管理政策の分野では，Kocherlakota［2009］，Miao and Wang［2015］等が，担保に用いる資産の不足からバブルが生じるのだとすれば，政府が国債を発行し，担保となる資産を提供することを提案している。（もっとも，國枝［2014］が論じたように，我が国においては，既に大量の国債が発行されており，国債の担保に活用できるとの利便性を反映したコンビニエンス・イールドも低下している可能性が高く，現在の我が国において，バブル対策としての国債発行の必要性は低いと考えられる。）

　筆者の知る限り，税制との関係はこれまで論じられていないが，信用制約が存在する場合には，キャピタルゲイン課税のバブルへの影響は，複数の経路を通じたものとなる。

　一つは，Kunieda［1989］が指摘したバブルのクラウディング・アウト効果を抑制する経路である。キャピタルゲイン課税の強化は，ポートフォリオ代替効果を通じ，生産的投資へのシフトを促す効果があるのは，上で説明したとおりである。

　他方，キャピタルゲイン課税強化によるバブル崩壊で，資産価格が低下すると，信用制約がより厳しくなる。最近の合理的バブルのモデルでは，バブルの信用制約緩和を通じたクラウディング・イン効果が重視されているが，キャピタルゲイン課税強化によるバブル縮小で，信用制約が厳格化し，生産的投資が抑制されるおそれがある。

　このように，信用制約が存在する場合には，キャピタルゲイン課税強化には，ポートフォリオ代替効果を通じた生産的資本の増加というメリットがある一方，バブル抑制に伴う信用制約の厳格化による生産的資本の減少というデメリットがありうる。このため，どちらの効果が大きいかによって，キャピタルゲイン課税強化の経済全体への効果が決まってくる。

　もっとも，信用制約が厳しい部門（ベンチャー等）が事前にわかっていれば，その部門におけるバブルが生じうる資産に対するキャピタルゲイン課税軽

減等の政策減税で，トレードオフを回避できる。そうした政策により，バブル縮小による信用制約の厳格化を通じた生産的投資の抑制というデメリットを回避しつつ，他の資産からのキャピタルゲインにつき課税強化を図ることにより，バブルのクラウディング・アウト効果を抑制することが可能となる。経済全体に影響を与える中央銀行の一般的な金融引締めと比較して，税制には，差別的課税を通じたトレードオフの回避が可能という利点がある。

　なお，これらの議論はバブルが合理的であることを前提にしているが，現実には，合理的バブルのモデルと異なり，IT バブル時のドット・コム投資等に見られたような合理的ではないバブルが重要な役割を果たしている可能性にも留意する必要がある。

　いずれにせよ，現在，合理的バブルを組み込んだ新しいマクロモデルが積極的に開発されており，そうした中での税制の役割の分析は今後の重要な研究テーマである。

# VI.　結　　論

　税制は投機的バブルを抑制する有効な手段となりうる。資産バブルの重要な特徴は，収益がもっぱらキャピタルゲインの形で実現されることであり，キャピタルゲイン課税はバブル抑制に有効である。キャピタルゲイン課税強化の効果につき，バブルを明示的に組み込まないモデルに基づき，否定的な議論もあるが，資産バブルに対する税制の効果は，バブルの持続可能性への影響を通じるものであり，Kunieda [1989] のモデルのようにバブルを明示的に組み込んだ一般均衡モデルで分析する必要性がある。我が国における２つの資産バブルとその崩壊の事例（不動産バブル，うさぎバブル）も，本稿のモデルと整合的である。

　これに対し，最近の合理的バブル・モデルでは，バブルが信用制約を緩和して，生産的投資を促進する可能性に注目しているが，その場合，キャピタルゲイン課税強化は，信用制約を厳しくし，生産的投資を阻害してしまうおそれが

ある。その場合，バブル対策としてのキャピタルゲイン課税の活用は，クラウ
ディング・アウト効果とクラウディング・イン効果のトレードオフを考慮する
必要があることになる。しかし，信用制約の厳しい部門における資産からの
キャピタルゲインを税制上優遇するという差別的課税を活用することで，ト
レードオフの回避は可能と考えられる。

　資産バブルへの政策的な対応のあり方は，引き続き重要な課題であり，最近
の合理的バブルを組み込んだ新しいマクロモデルも踏まえたバブルと税制のさ
らなる分析が強く望まれる。

## ［注］

1 ）　定常状態が安定的であるためには，利子が低下した場合には，貯蓄が減少する必要があり，本モ
　　デルでは，そのように仮定している。（Diamond［1970］，Kunieda［1989］を参照されたい。）
2 ）　バブルに伴うキャピタルゲインのみに対する税率引上げの下でのバブルの規模については，
　　$b_{t+1}=b_t$ カーブの大幅なシフトがバブルの大幅な縮小に働く一方，増税により $k_{t+1}=k_t$ カーブがシフ
　　トしないことから，キャピタルゲイン全般に対する同率の税率引上げと比較して，縮小しない場合
　　もありうるが，貯蓄の利子弾力性があまり高くない場合には，縮小する可能性が高くなる。

## ［参考文献］

Abel, A., N. Mankiw, L. Summers and R. Zeckhauser［1989］, "Assessing Dynamic Efficiency: Theory and Evidence," *Review of Economic Studies*, Vol.56, No.1, pp.1-19.

Auxier, R., L. Burman, J. Nunns, and J. Rohaly［2016］, "An Analysis of Hillary Clintons Tax Proposals," Tax Policy Center, March 3, 2016.

Diamond, P.［1965］, "National Debt in a Neoclassical Growth Model," *American Economic Review*, Vol.85, No.1, pp.83-95.

Diamond, P.［1970］, "The Incidence of an Interest Income Tax," *Journal of Economic Theory*, Vol.2, No.3, pp.211-224.

Farhi, E., and J. Tirole［2012］, "Bubbly Liquidity," *Review of Economic Studies* Vol.79, No.2, pp.678-706.

Galí, J.［2014］, "Monetary Policy and Rational Asset Price Bubbles," *American Economic Review*, 104(3): 721-52.

Hirano, T., and N. Yanagawa [2013], "Asset Bubbles, Endogenous Growth and Financial Frictions," working paper, University of Tokyo.

Keen, M., A. Klemm and V. Perry [2010], "Tax and the Crisis," *Fiscal Studies*, Vol.31, No.1, pp.43-80.

Kiyotaki, N., and J. Moore [1997], "Credit Cycles," *Journal of Political Economy*, Vol.105, No.2, pp.211-248.

Kocherlakota, N. [2009], "Bursting Bubbles: Consequences and Curses," mimeo, Federal Reserve Bank of Minneapolis.

Kocherlakota, N. [2011], "Two models of Land Overvaluation and Their Implications," mimeo, Federal Reserve Bank of Minneapolis.

Kunieda, S. [1989], "Does Capital Gains Tax Reduce Capital Stocks?" in unpublished Ph. D. thesis "Fiscal Policy in Dynamic General Equilibrium Models," Harvard University.

Kunieda, S. [2016], "Speculative Bubbles and Tax Policy," presented at International Institute of Public Finance Annual Congress in Lake Tahoe, NV.

Martin, A., and J. Ventura [2012], "Economic Growth with Bubbles," *American Economic Review*, Vol.106, N0.6, pp.3033-3058.

Miao, J. and P. Wang [2012], "Bubbles and Total Factor Productivity," *American Economic Review* Vol.102, pp.82-87.

Miao, J., and P. Wang [2015], "Bubbles and Credit Constraints," mimeo, October 14, 2015, Boston University.

Tirole, J. [1985], "Asset Bubbles and Overlapping Generations," *Econometrica*, Vol.53, No.5, pp.1071-1100.

川崎房五郎 [1976]，『江戸ばなし文明開化東京　第1巻』，桃源社。

國枝繁樹 [2009]，「税制」，井堀利宏編『財政政策と社会保障』，慶応義塾大学出版会，277-328頁。

國枝繁樹 [2014]，「安全資産としての国債」，平成25年度金融調査研究会報告書，全国銀行協会。

國枝繁樹 [2016]，「金融危機後の金融関連税制：アップデート」，平成27年度金融調査研究会報告書，全国銀行協会。

東京都 [1963]，『東京市史稿 市街篇第54巻』。

宮尾尊弘 [2001]，『土地問題は解決できる』，東洋経済新報社。

山崎福寿 [1999]，『土地と住宅市場の経済分析』，東京大学出版会。

# 第3章　ACE の中立性
——投資のリスクを考慮した研究の動向——

山　田　直　夫

## Ⅰ．はじめに

　経済のグローバル化に伴い，企業行動に対して中立的な税制に注目が集まっ
てきている。周知のことであるが，こうした税制として代表的なものが，U.
S. Department of the Treasury［1992］で提案された CBIT（Comprehensive
Business Income Tax）と Institute for Fiscal Studies［1991］で提案された
ACE（Allowance for Corporate Equity）である。通常の法人税は課税ベース
から負債利子を控除し，株式の機会費用は控除しない。それに対して，CBIT
では株式の機会費用はもちろんのこと負債利子の控除も認められない。一方，
ACE では負債利子だけでなく株式の機会費用の控除も認められる。ドイツで
は CBIT に近い税制が導入されていると考えることもできるが，CBIT そのも
のを導入している国はないとされている。その一方，ACE やそれに類似した
税制は欧州を中心にいくつかの国で導入されている（図表3-1）。負債と株
式について，CBIT は控除しない，ACE は控除するという形で等しい扱いを
するので，両税制ともに企業の資金調達行動に対して中立的になる。また，
CBIT は企業の投資決定に対して非中立的であるが，ACE は中立的になるこ
とが知られている。この ACE の投資行動に対する中立性に関して，その理論
的根拠を示した先駆的な研究が Boadway and Bruce［1984］である。しかし，
Boadway and Bruce［1984］は投資のリスクがない状況，すなわち投資の結果
に不確実性がない状況を仮定している。通常，投資にはリスクが伴うので，理

第3章　ACEの中立性

## 図表3－1　ACE導入国とその概要

| 国 | 期間 | 名　称 | 株主基金／みなし利子率 | 詳　細 |
|---|---|---|---|---|
| オースト<br>リア | 2000～<br>2004年 | Notional<br>Interest | 新規（導入後）自己資本<br>の簿価／流通市場におけ<br>る国債の平均利率＋<br>0.8％ポイント | みなし利子分の収<br>益は25％の軽減税<br>率で課税（通常は<br>34％） |
| ベルギー | 2006年<br>～ | Risk Capital<br>Deduction /<br>Notional<br>Interest<br>Deduction | 自己資本の簿価／2財政<br>年度前の国債の利率の月<br>次平均，上限6.5％，各<br>年の変動は1％ポイント<br>以内，特定の中小企業は<br>0.5％ポイントの上乗せ | みなし利子分の収<br>益は課税ベースか<br>ら控除 |
| ブラジル | 1996年<br>～ | Remuneration<br>of Equity | 自己資本の簿価／長期融<br>資に適用される利子率 | みなし利子分の収<br>益を上限として，<br>配当は「自己資本<br>の利子」として支<br>払われる，全ての<br>法人所得税から控<br>除され，利子に対<br>する通常の源泉税<br>で課税される |
| クロアチ<br>ア | 1994～<br>2000年 | Protective<br>Interest | 自己資本の簿価／5％＋<br>工業製品のインフレ率<br>（正の場合） | みなし利子分の収<br>益は課税ベースか<br>ら控除 |
| イタリア | 1997～<br>2003年 | Dual Income<br>Tax | 新規（導入後）自己資本<br>の簿価（～1999年，2002<br>年～），新規自己資本の<br>120％（2000年），新規自<br>己資本の140％（2001年）<br>／7％（1997～2000年），<br>6％（2001年） | みなし利子分の収<br>益は19％の軽減税<br>率で課税（通常は<br>37％，2003年は<br>34％），2000年まで<br>は，平均税率の下<br>限が27％ |
| | 2011年<br>～ | Notional<br>Interest<br>Deduction<br>（NID） | 新規自己資本（2010年の<br>基準自己資本残高からの<br>増加分）／3％（2011～<br>2013年），4％（2014年），<br>4.5％（2015年），4.75％ | イタリア内国企<br>業，イタリアに恒<br>久的施設を持つ外<br>国企業はNIDを課<br>税ベースから控除 |

第3章　ACE の中立性　　　　　　　　　　　　　　47

| | | | (2016年)，それ以降はイタリア公債の平均利率＋リスク要因で財務省が毎年設定 | (例外あり)，新規自己資本には当年の利益は含まない，2010年以降の自己資本の適格増加・減少調整に基づいて計算，年度末の自己資本を上回ってはならない場合がある |
|---|---|---|---|---|
| ラトビア | 2009年～ | Notional Interest Deduction | 内部留保／課税期間中の非金融企業への貸付利子率の加重平均（2010年は5.05%，2011年は4.37%） | 直前の課税年度における内部留保にみなし利子率を乗じた額を控除 |
| リヒテンシュタイン | 2011年～ | Notional Interest Deduction | 修正自己資本／市場の発展に応じて毎年決定（現在は4%） | みなし利子分の収益は課税ベースから控除 |
| ポルトガル | 2010～2013年 | Notional Interest Deduction | 2010～2013年のそれぞれにおける株式資本への投資分／個人，ベンチャー投資会社，ベンチャー投資家によって所有される中小企業は，2010～2013年に行われた株式資本への株主による現金投資額の3%のみなし利子控除から3年間恩恵を受け，2014年からは，個人の所有する極小・中小企業は，3年間，企業の株式資本の5%が控除され得る（上限は20万ユーロ） | みなし利子分の収益は課税ベースから控除 |
| スイス | 5～7年以内の導入 | Notional Interest Deduction | 法人税改革 III の過程で詳細を議論予定 | EU と OECD の要請と整合的な新しい特別税制を導入 |

〔出所〕　井上・山田［2016］，p.9。

論研究では投資のリスクを含む方向でモデルが拡張されている。

　ところで，わが国の法人税に関しては，税率の引き下げと課税ベースの拡大が進められており，課税ベースを縮小する ACE とは逆の方向に改革が行われているといえる。しかし，先述のように経済のグローバル化が進んでいること，いくつかの国で実際に導入されていることなどから ACE も中長期的な観点からは，わが国の法人税制の1つの選択肢といえるだろう[1]。わが国への ACE 導入を検討する際には，当然投資のリスクを考慮したこれまでの研究の成果を踏まえて，制度のあり方について検討する必要がある。

　そこで，本稿では投資のリスクに注目し，ACE に関する理論研究を整理する。そして，わが国の ACE の制度設計について考える際に留意すべき点について検討したい。本稿の構成は以下のとおりである。まずⅡ節では，Boadway and Bruce [1984]，つまり投資のリスクがない場合の中立性に関する議論について紹介する。続くⅢ節では，投資のリスクを考慮した研究の動向を整理する。ここでは代表的な研究である，Fane [1987]，Bond and Devereux [1995]，Bond and Devereux [2003] について特に詳しく紹介する。最後のⅣ節では本稿の議論をまとめる。そして簡単ではあるが，わが国への示唆について検討する。

# Ⅱ．投資のリスクがないケース

　ここでは，投資のリスクがない状況における ACE の投資に対する中立性について取り上げる。より具体的には，Boadway and Bruce [1984] の概要を紹介する。

　Boadway and Bruce [1984] のモデルでは，以下の6つの仮定を置いているが，最後の仮定は別にして，他の5つについては仮定しても一般性を失うことはない。

① 企業は価格受容者
② 労働や原材料といった経常投入はない

③ 生産については1種類の減価償却可能な物的資本を用い，$t$期における
　資本ストックを$K_t$とする

④ 真の減価償却は指数的で，減価償却率を$\delta_t$とする

⑤ 調整コストはない

⑥ 税率は一定

　企業の目的は，既存株主に対する配当流列の現在価値の最大化である。ここ
で，株主の名目要求収益率を$\rho_t$，厳密に凹の生産関数を$F(K_t)$，産出物の名目
価格を$P_t$，資本財の名目価格を$Q_t$，粗投資を$I_t (= Q_t \dot{K}_t + Q_t \delta_t K_t)$，負債残高
を$B_t$，負債の名目利子率を$i_t$，税額を$T_t$とする。また，$t$期における割引因
子を$D_t$とすると，$\dot{D}_t / D_t = -\rho_t$となる。以上より企業の自己資本の価値（$V_t$）
は以下のようになり，企業の問題は$t=0$における$V_t$の最大化となる。

$$V_t = \int_{s=t}^{\infty} \left( \frac{D_s}{D_t} \right) (P_s F(K_s) - I_s + \dot{B}_s - i_s B_s - T_s) ds \tag{1}$$

投資のリスクがないケースでは，この最大化問題は課税後キャッシュフロー流
列の現在価値の最大化と同値になり，以下のように書き換えることができる。

$$\max \int_{t=0}^{\infty} R_t (P_t F(K_t) - I_t - T_t) dt \tag{2}$$

（2）式にある割引因子の$R_t$は，名目資金調達コストを$r_t$とすると$\dot{R}_t / R_t = -r_t$を満たす。また，資金調達コストは負債の資金調達コスト（$i_t$）と自己資本
の資金調達コスト（$\rho_t$）の加重平均であると考えることができる。さらに，会
計上の資本ストックを以下のように定義する。

$$\dot{A}_t = I_t - a_t A_t \tag{3}$$

$a_t A_t$は減価償却を表し，$a_t$は非負である。なお，$A_0$は任意の値であるとす
る。そして，税制を以下のように定義する。

$$T_t = u(P_t F(K_t) - (r_t + a_t) A_t) \tag{4}$$

$u$は一定の税率である。また，労働や原材料などの経常投入があれば即時償却

50　　　　　　　　　　　第3章　ACE の中立性

されるとする。

（2）式に（4）式を代入し，仮定も考慮しながら整理すると，以下のように
なる。

$$\max (1-u) \int_0^\infty R_t \{P_t F(K_t) - I_t\} \, dt \tag{5}$$

そしてこの最大化問題の1階条件は，以下のようになる。

$$\frac{P_t F'(K_t)}{Q_t} = r_t - \pi_t + \delta_t - \frac{\dot{q}_t}{q_t} \tag{6}$$

$\pi_t$ はインフレ率であり，$\dot{q}_t / q_t = \dot{Q}_t / Q_t - \pi_t$ である。ここから（4）式で表され
る税制が投資決定に対して中立的でインフレーションの影響を受けないことが
明らかになる。

# Ⅲ．投資のリスクと ACE

## 1．投資のリスクに関する研究の動向

　Boadway and Bruce［1984］の議論に投資のリスクを導入した最初の研究は
Fane［1987］である。Fane［1987］の貢献は次の2点にまとめることができ
る。1点目は，租税の支払と発生に時間的な差がある場合，税額控除や租税債
務がリスクフリー利子率で繰り延べすることができ，最終的に税額控除と租税
債務が清算されるのであれば，課税の中立性が保持されることを示したことで
ある。2点目は，最終的に税額控除と租税債務が清算されることが条件ではあ
るが，繰り延べする際の利子率が，単なるリスクフリー名目利子率でよいこと
を示したことである。Fane［1987］以前の議論では中立性を確保するために
は繰り延べする際の利子率が投資プロジェクトのリスク特性や企業の財務体質
に依存していた。つまり企業ごとに利子率の設定が必要であった。換言すれ
ば，税額控除と租税債務が確実に清算されないならば，繰り延べする際の利子
率はやはり投資プロジェクトのリスク特性や企業の財務体質に依存することに

なる。

Bond and Devereux［1995］は，Fane［1987］のモデルに倒産リスクを加えても，Boadway and Bruce［1984］の議論が成り立つことを示した。Bond and Devereux［1995］の議論では，課税ベースから減価償却と資金調達の費用が控除されるが，経済的減価償却と企業の要求収益率の情報は必要ない。しかし，リスクを伴う利得の流列が租税の導入に影響を受けないという仮定とValue Additivity Principle の仮定を置かなければならない。しかも中立性が成立するには，企業の利潤と損失は対称的に扱われなければならず，さらに税率は既知で一定でなければならない。税率一定の条件は，課税ベースが各期で経済的レントと等しいという特別なケースであっても必要である。

Bond and Devereux［2003］は Boadway and Bruce［1984］，Fane［1987］，Bond and Devereux［1995］の３つは厳密には ACE とは異なる税制を分析したものであると指摘した。そして，より正確なモデルに基づいて投資のリスクがある状況でも ACE が投資水準の決定に対して中立的であることを示した。したがって，Bond and Devereux［2003］が投資のリスクがある状況におけるACE の中立性を証明した最初の研究であるということになる。Bond and Devereux［2003］では，上記の３つの研究で分析の対象としている税制は企業が生み出している純現在価値に対するものであるとし，これを firm tax と呼んでいる。一方，株主によって獲得される純現在価値に対する税を share holder tax と呼び，ACE は share holder tax に該当するとしている。firm tax と shareholder tax の主な違いは，前者が企業の未償却資産の一定割合を控除するのに対して，後者は負債利子控除と株式の機会費用の控除を行うことである。なお，firm tax の特別なケースがミード報告のR ベースキャッシュフロー税であり，shareholder tax の特別なケースがミード報告のS ベースキャッシュフロー税，すなわちR＋F ベースキャッシュフロー税であるという指摘もしている。

Panteghini［2006］は Bond and Devereux［2003］とは異なるタイプの負債を想定して分析を行っている[2]。Bond and Devereux［2003］では明確な倒産

の条件は示されていないが，それに対して Panteghini［2006］では以下の2種類の負債を想定している。1つは，閾値（企業の支払金利前税引前利益（earnings before interest and taxes; EBIT）がこの値を下回ったら倒産するという値）が外生的なケースで protected debt と呼ばれる。もう1つは閾値が選択されるケース，つまり株主がいつ倒産するかを選択できるケースで unprotected debt と呼ばれる。そして，ACE のような S ベースの税制は，protected debt のケースでは投資に対して中立的となり，倒産のタイミングに対しても中立的であることを示した。次いで unprotected debt のケースでは，投資に関して中立的であるためには厳しい条件を満たす必要があり，実質的に歪みを与えること，倒産のタイミングに対しても歪みを与えることを明らかにしている。なお，Panteghini［2004b］は R ベースの税制（firm tax）を対象に同様の分析を行い，protected debt，unprotected debt どちらのケースも，投資と倒産のタイミングに対して中立的であることを示している。ここから Panteghini［2006］では，中立性の観点からは S ベースよりも R ベースの税制が望ましいとしている。

　また，Boadway, Sato and Tremblay［2015］は投資のリスクに注目しているわけではないが，倒産リスク，企業のリスク回避度，金融仲介機関と企業の間の情報の非対称性を考慮して企業のキャッシュフローに対する課税について分析し，倒産リスクがある場合，ACE は企業の参入とレバレッジに歪みを与えることを示した[3]。

　以下では，投資のリスクを扱った研究の中でも代表的な研究である Fane［1987］，Bond and Devereux［1995］，Bond and Devereux［2003］について詳述する。

## 2．投資のリスクの導入

　ここでは，Fane［1987］の議論を取り上げる。Fane［1987］は2つの税制について議論をしている。1つは企業のキャッシュフローに対する税制で，もう1つが企業の所得（ネットキャッシュフローとキャピタルゲインの合計）に

対する税制である。投資のリスクがない場合，前者については Boadway and
Bruce［1984］が，後者については Johansson［1969］，Samuelson［1964］な
どが既に議論をしている。Fane［1987］はそれぞれの税制に投資のリスクを
導入しても中立性が保持されることを示した。以下では 2 つの税制のうち，
キャッシュフローに対する税制に関する議論を紹介する。

　まず，税が存在しないケースの $t$ 期における代表的企業の現在価値は以下の
ように表すことができる。

$$V(t) = \sum_a \Pi(a) \cdot \left[ N(a,t+1) + \sum_b \Pi(b,a) \cdot \right.$$

$$\left. \left[ N(b,a,t+2) + \sum_c \Pi(c,b,a) \cdot [N(c,b,a,t+3) + \cdots] \right] \right] \qquad (7)$$

$a$, $b$, $c$ はそれぞれ，$t+1$ 期，$t+2$ 期，$t+3$ 期の自然状態を表している。また，
$\Pi(a)$ は，$t+1$ 期に状態 $a$ が発生するときに 1 ドル支払われる状態依存証券の
$t$ 期における価値である。$\Pi(b,a)$ は，$t+1$ 期に状態 $a$ が発生することを所与
として，$t+2$ 期に状態 $b$ が発生するときに 1 ドル支払われる状態依存証券の
$t+1$ 期における価値である。同様に，$\Pi(c,b,a)$ は，$t+2$ 期に状態 $b$，$t+1$ 期
に状態 $a$ が発生することを所与として，$t+3$ 期に状態 $c$ が発生するときに 1 ド
ル支払われる状態依存証券の $t+2$ 期における価値である。そして，$V(t)$ は $t$
期における企業の現在価値である。さらに $N(a,t+1)$，$N(b,a,t+2)$，$N$
$(c,b,a,t+3)$ は，発生する状態に応じた $t+1$ 期，$t+2$ 期，$t+3$ 期におけるネッ
トキャッシュフローを表している。

　（7）式を Samuelson の fundamental equation of yield に対応させて書き換
えると以下のようになる。

$$V(t) = \sum_a \Pi(a) \cdot [N(a,t+1) + V(a,t+1)] \qquad (8)$$

$V(a,t+1)$ は $t+1$ 期における状態 $a$ の場合の企業の価値である。ちなみに，企
業に $u$ の税率でキャッシュフロー税を課し，かつ租税の支払額と発生額が各
期で常に等しいとすると，$t$ 期における課税後の企業価値 $V_u(t)$ は課税されて

54          第3章　ACE の中立性

いない場合の企業価値に（$1-u$）を乗じたものになる。

　次に，税が存在して租税の支払額と発生額が各期で必ずしも一致しないケースについて考える。$t+1$期の状態 $a$ における租税の発生額は，$u \cdot N(a, t+1)$ と表すことができる。また，$t+1$期の状態 $a$ における租税の支払額を $T(a, t+1)$，租税の発生額を超過する部分を $C(a, t+1)$ とすると以下の関係が導き出される。

$$C(a, t+1) = T(a, t+1) - u \cdot N(a, t+1) \tag{9}$$

　また $t+2$期にすべての清算が完了する場合，$t+2$期の状態 $b$ における租税の支払額は以下のようになる。

$$T(b, a, t+2) = u \cdot N(b, a, t+2) - [1 + \rho(a, t+1)] \cdot C(a, t+1) \tag{10}$$

$\rho(a, t+1)$ は $t+1$期の状態 $a$ から $t+2$期に超過する部分を繰り延べする際の率である。つまり，$t+1$期の状態 $a$ で $C(a, t+1)$ だけ余計に租税を負担したので，$t+2$期の状態 $b$ では，超過分に $\rho(a, t+1)$ の率を上乗せした額を税額控除するのである。

　$V_u^*(t)$，$V_u^*(a, t+1)$，$V_u^*(b, a, t+2)$ を各期，各状態において上記の調整を行った場合の企業の価値とする。そしてすべての清算が $t+2$期の期首に完了すると，$V_u^*(b, a, t+2)$ と $V_u(b, a, t+2)$ が等しくなるので，以下の式が成り立つ。

$$V_u^*(a, t+1) = V_u(a, t+1) + \left\{ \sum_b \Pi(b, a) \cdot [1 + \rho(a, t+1)] \right\} \cdot C(a, t+1) \tag{11}$$

さらに fundamental equation of yield を適用すると以下のようになる。

$$V_u^*(t) = \sum_a \Pi(a) \cdot \{N(a, t+1) - T(a, t+1) + V_u^*(a, t+1)\} \tag{12}$$

また，企業に $u$ の税率でキャッシュフロー税を課し，かつ租税の支払額と発生額が各期で常に等しい場合，$t$期における課税後の企業価値，すなわち $V_u(t)$ は以下のようになる。

$$V_u(t) = \sum_a \varPi(a) \cdot [N(a,t+1)(1-u) + V_u(a,t+1)] \tag{13}$$

（12）式から（13）式を引き，（9）式を用いて $T(a,t+1)$ を削除すると以下のようになる。

$$V_u^*(t) - V_u(t) = \sum_a \varPi(a) \cdot [V_u^*(a,t+1) - V_u(a,t+1) - C(a,t+1)] \tag{14}$$

中立性が成り立つ十分条件は，（14）式の両辺がゼロになることであるが，（11）式を所与とすると以下のようになる。

$$C(a,t+1) \cdot \left\{ -1 + \sum_b \varPi(b,a) \cdot [1+\rho(a,t+1)] \right\} = 0 \tag{15}$$

$r^*(a,t+1)$ を $t+1$期の状態 $a$ から $t+2$期の間のリスクフリー名目利子率とする。定義により，$[1+r^*(a,t+1)]$ の逆数は，$t+2$期にどの状態が発生しても1ドルの支払いを保証する証券の $t+1$期の状態 $a$ における価値である。よって，以下の式が成り立つ。

$$\frac{1}{1+r^*(a,t+1)} = \sum_b \varPi(b,a) \tag{16}$$

（15）式と（16）式を比較すると，租税負担や税額控除を $t+1$期の状態 $a$ から $t+2$期に繰り延べする際の率が $t+1$期の状態 $a$ から $t+2$期の間のリスクフリー名目利子率に等しいことが課税の中立性の十分条件であることがわかる。さらに $C(a,t+1)$ が任意に選択されるとき，この条件は必要条件でもある。なお，ここまでの議論は清算が $t+2$期以降の場合にも適用できる。

## 3．倒産リスクの追加

　Fane［1987］は，租税債務が確実に清算されるという仮定を置いていた。これは，企業の倒産を考慮していないことを意味している。Bond and Devereux［1995］は，Fane［1987］に倒産リスクを導入しても，企業の投資や投資の打ち切り（wind-up）に関する決定，倒産に関する分布に対して税制が中立になることを示した。Bond and Devereux［1995］では1期間モデルとより長期の

モデルを用いて議論を展開しているので，以下ではこの2つのモデルについて紹介する。

### （1）　1期モデル

（i）　税が存在しないケース

まず，資産が0期に1だけ購入される。この資産は，1期に不確実な粗収益を生み，その収益を確率変数 $\tilde{R}$ で表す。なお今後，チルダは確率変数を，チルダがない場合はその変数の実現値を表すものとする。そして，この資産は不確実な価値で1期に売却され，それを確率変数 $\tilde{K}$ で表す。$\tilde{R}$ と $\tilde{K}$ は1期の価格で測られているので，インフレーションや0期と1期の間の相対価格の変化については捨象している。

ここで，Value Additivity Principle が成り立つと仮定する。すなわち，1期に確率変数 $\tilde{X}$ で表される利得を受け取ることができる権利の0期における価値を $V[\tilde{X}]$，確率的な利得を $\tilde{X}_a$，$\tilde{X}_b$，非確率的な定数を $a$，$\beta$ とすると，以下の式が成り立つとする。

$$V[a\tilde{X}_a + \beta\tilde{X}_b] = aV[\tilde{X}_a] + \beta V[\tilde{X}_b] \tag{17}$$

よって，1期に確実な利得 $X$ を受けとることができる場合の0期における価値は $V[X] = X/(1+r)$ になる。ここで，$r$ はデフォルトリスクのない債券の名目利子率である。

この仮定のもとでは，投資プロジェクトをすべて自己資本で資金調達した場合の純現在価値は以下のようになる。

$$NPV_E^* = -1 + V[\tilde{R} + \tilde{K}] \tag{18}$$

しかし，より一般的には企業は負債による資金調達も行う。そこで資産の初期費用のうち，$\lambda$ の割合を負債で調達するものとし，貸し手が1期に負債契約が債務不履行になる確率に関する評価に基づいて決めた名目利子率を $i$ とする。よって，企業が債務不履行に陥らなければ，1期に $(1+i)\lambda$ だけを返済する

ことになる。そして債務不履行に陥った場合は，$\tilde{R}$ と $\tilde{K}$ は債権者に渡り，この企業の株主は何も受け取れない。

$\tilde{R}$ と $\tilde{K}$ が事前の倒産の確率あるいは事後の倒産の実現に依存すると仮定する。よって負債による資金調達も考慮すると，株主にとっての投資プロジェクトの純現在価値は以下のようになる。

$$NPV^* = -(1-\lambda) + V[(1-\tilde{b})(\tilde{R}(\tilde{b}) + \tilde{K}(\tilde{b}) - (1+i)\lambda)] \tag{19}$$

ここで，$\tilde{b}$ は1期に企業が債務不履行に陥った場合に1，陥らなかった場合にゼロになる確率的指標である。また，$i$ が無裁定条件により決まるとすると，以下のようになる。

$$\lambda = V[(1-\tilde{b})(1+i)\lambda + \tilde{b}(\tilde{R}(\tilde{b}) + \tilde{K}(\tilde{b}))] \tag{20}$$

(19) 式，(20) 式より，負債に関する項を削除すると以下のようになる。

$$NPV^* = -1 + V[\tilde{R}(\tilde{b}) + \tilde{K}(\tilde{b})] \tag{21}$$

（ⅱ）　税が存在するケース

既知の一定の税率 $\tau\,(0 \leq \tau \leq 1)$ が各期のプロジェクトから得られた粗収益に対して課されるとする。つまり，0期はゼロ，1期は $\tilde{R}$ に課税される。また，企業は0期に既知の水準 $z_0\,(0 \leq z_0 \leq 1)$ で減価償却控除を受ける。そして1期には不確実な水準 $\tilde{z}_1$ で減価償却控除を受ける。税については，資産の売却額である $\tilde{K}$ と評価減後の価値である $(1-\tilde{z}_1-z_0)$ の差額にも課税されるとする。さらに，企業は1期に資金調達の機会費用の控除を企業は受ける。その率はデフォルトリスクのない債券の利子率で，これに期首の評価減後の価値である $(1-z_0)$ を乗じたものが控除額になる。以上より，各期の納税額は以下のようになる（ただし，納税額が負になる期では払い戻しを受ける）。

$$T_0 = -\tau z_0$$
$$\tilde{T}_1 = \tau(\tilde{R} - \tilde{z}_1 + \tilde{K} - (1 - \tilde{z}_1 - z_0) - r(1 - z_0))$$

$$= \tau(\tilde{R} + \tilde{K} - (1+r)(1-z_0)) \tag{22}$$

ここで，1期に受け取る利得 $\tilde{X}$ の0期における価値が租税の影響を受けないと仮定する。そのとき，株主にとっての投資プロジェクトの純現在価値は以下のようになる。

$$
\begin{aligned}
NPV = & -(1 - \lambda^{\tau} - \tau z_0) \\
& + V[(1 - \tilde{b}^{\tau})\{\tilde{R}(\tilde{b}^{\tau}) + \tilde{K}(\tilde{b}^{\tau}) - (1 + i^{\tau})\lambda^{\tau} \\
& - \tau(\tilde{R}(\tilde{b}^{\tau}) + \tilde{K}(\tilde{b}^{\tau}) - (1+r)(1-z_0))\}]
\end{aligned} \tag{23}
$$

$\lambda^{\tau}$, $\tilde{b}^{\tau}$, $i^{\tau}$ はそれぞれ税がある場合の負債の割合，デフォルトリスクに関する確率変数，名目利子率である。また，$i^{\tau}$ が無裁定条件により決まるとすると以下のようになる。

$$
\begin{aligned}
\lambda^{\tau} = & V[(1 - \tilde{b}^{\tau})(1 + i^{\tau})\lambda^{\tau} \\
& + \tilde{b}^{\tau}\{\tilde{R}(\tilde{b}^{\tau}) + \tilde{K}(\tilde{b}^{\tau}) - \tau(\tilde{R}(\tilde{b}^{\tau}) + \tilde{K}(\tilde{b}^{\tau}) - (1+r)(1-z_0))\}]
\end{aligned} \tag{24}
$$

また，(24) 式を用いて (23) 式を書き換えると以下のようになる。

$$
\begin{aligned}
NPV = & -1 - \tau z_0 + V[(1-\tau)(\tilde{R}(\tilde{b}^{\tau}) + \tilde{K}(\tilde{b}^{\tau})) + \tau(1+r)(1-z_0)] \\
= & -(1-\tau) + (1-\tau)V[\tilde{R}(\tilde{b}^{\tau}) + \tilde{K}(\tilde{b}^{\tau})]
\end{aligned} \tag{25}
$$

中立性を証明するためには (25) 式の右辺が $(1-\tau)NPV^*$ と等しければ良いので，まず，$\tilde{R}$ と $\tilde{K}$ が倒産と独立であれば良い。そうでない場合は，まず税が存在しないケースでは $NPV^*$ を最大にするよう負債比率が選択され，税が存在するケースでは $NPV$ あるいは $NPV/(1-\tau)$ を最大にするよう負債比率が選択されるので，$\tilde{b}$ と $\tilde{b}^{\tau}$ が一致しなければならない。

以上から，この税制は投資に対して歪みを与えず，倒産が実質的な影響を及ぼすとしても倒産に関する分布に影響を与えない。これらの結果は，リスクを伴う利得の価値が税率の影響を受けないということと Value Additivity Principle を満たすということが条件となっている。

## （2）　より長期のモデル

　ここでは，投資プロジェクトが2期間続くケースあるいは1期目の終了後に投資プロジェクトを打ち切るケースを考える。そしてこの場合でも投資の中立性が保たれ，投資の打ち切りに影響を与えないことを示す。またこの結果はより長期のモデルでも当てはまる。

　まず，0期における資産の初期費用を1とする。投資プロジェクトが打ち切られる場合，その資産は1期に不確実な粗利益 $\tilde{R}_1$ を生み，不確実な価格 $\tilde{K}_1$ で売却され，投資プロジェクトは打ち切られることになる。投資プロジェクトが継続する場合は，2期に粗利益 $\tilde{R}_2$ を生み，$\tilde{K}_2$ で売却される。ここではノテーションを簡単化するため，倒産リスクについては表記を省略している。また，$\tilde{w}_1$ は確率的指標で，1期終了後に投資プロジェクトを打ち切る場合は1，それ以外の場合ゼロをとる。

　また，1期のリスクを伴う利得 $\tilde{X}$ の0期における価値を $V_1[\tilde{X}]$，2期のリスクを伴う利得 $\tilde{X}$ の0期における価値を $V_2[\tilde{X}]$，2期のリスクを伴う利得 $\tilde{X}$ の1期における価値を $V_2^1[\tilde{X}]$ とする。そしてここでも Value Additivity Principle を仮定する。

　仮に2期間の投資プロジェクトをすべて自己資本で資金調達した場合の純現在価値は以下のようになる。

$$NPV_E^* = -1 + V_1[\tilde{R}_1 + \tilde{w}_1\tilde{K}_1] + V_2[(1-\tilde{w}_1)(\tilde{R}_2 + \tilde{K}_2)] \tag{26}$$

借入が存在するより一般的なケースを考えるため，まず0期と1期の間の借入を $\lambda_0$ とする。そして1期に倒産，投資プロジェクトの打ち切りがない場合における，1期と2期の間の不確実な借入を $\tilde{\lambda}_1$ とする。また，貸し手によって課される名目利子率をそれぞれ，$i_1$，$\tilde{i}_2$ とする。なお，$\tilde{i}_2$ は0期において未知である。同様にデフォルトリスクフリー債券名目利子率をそれぞれ，$r_1$，$\tilde{r}_2$ とする。

　以上より負債でも資金調達する場合，企業の株主にとっての投資プロジェクトの純現在価値は以下のようになる。

60 　　　　　　第3章　ACE の中立性

$$NPV^* = -(1 - \lambda_0) + V_1[(1 - \tilde{b}_1)\{\tilde{R}_1 - (1 + i_1)\lambda_0 + (1 - \tilde{w}_1)\tilde{\lambda}_1 + \tilde{w}_1\tilde{K}_1\}]$$
$$+ V_2[(1 - \tilde{b}_1)(1 - \tilde{b}_2)(1 - \tilde{w}_1)\{\tilde{R}_2 + \tilde{K}_2 - (1 + \tilde{\iota}_2)\tilde{\lambda}_1\}] \tag{27}$$

ここで，$\tilde{b}_1$は1期に債務不履行に陥った場合に1，それ以外の場合にゼロをとる。そして，$\tilde{b}_2$は2期に債務不履行に陥った場合に1，それ以外の場合にゼロをとる。

　1期に債務不履行に陥った場合，株主は何も得られない。そして所有権は債権者に移る。債権者は①投資プロジェクトの打ち切り，②継続企業への売却，③新しい所有者としてビジネスの継続のいずれかを選択する。①の場合，債権者は，$\tilde{R}_1 + \tilde{K}_1$を受け取る。なお投資プロジェクトを打ち切らない場合は簡単化のため，所有権の変更は負債比率を変化させないと仮定する。そして，②の場合は1期に$\tilde{R}_1$を受け取り，借入は$\tilde{\lambda}_1$である。そして2期に債務不履行に陥らなければ$\tilde{R}_2 + \tilde{K}_2 - (1 + \tilde{\iota}_2)\tilde{\lambda}_1$を受け取る。また，③の場合，1期の価値である$\tilde{R}_1 + \tilde{\lambda}_1 + V_2^1[(1 - \tilde{b}_2)\{\tilde{R}_2 + \tilde{K}_2 - (1 + \tilde{\iota}_2)\tilde{\lambda}_1\}]$を受け取る。

　また，無裁定条件により，以下の式が成り立つ。

$$\lambda_0 = V_1[(1 - \tilde{b}_1)(1 + i_1)\lambda_0 + \tilde{b}_1\{\tilde{R}_1 + (1 - \tilde{w}_1)\tilde{\lambda}_1 + \tilde{w}_1\tilde{K}_1\}]$$
$$+ V_2[\tilde{b}_1(1 - \tilde{b}_2)(1 - \tilde{w}_1)\{\tilde{R}_2 + \tilde{K}_2 - (1 + \tilde{\iota}_2)\tilde{\lambda}_1\}] \tag{28}$$

2期に債務不履行に陥った場合，債権者は$\tilde{R}_2 + \tilde{K}_2$を得るが所有者は何も得られない。そして，無裁定条件により，以下の式が成り立つ。

$$\lambda_1 = V_2^1[(1 - \tilde{b}_2)(1 + i_2)\lambda_1 + \tilde{b}_2\{\tilde{R}_2 + \tilde{K}_2\}] \tag{29}$$

ここで資産を0期における価値で表すと以下のようになる。

$$V_1[(1 - \tilde{w}_1)\tilde{\lambda}_1] = V_2[(1 - \tilde{w}_1)\{(1 - \tilde{b}_2)(1 + \tilde{\iota}_2)\tilde{\lambda}_1 + \tilde{b}_2(\tilde{R}_2 + \tilde{K}_2)\}] \tag{30}$$

(28) 式と (30) 式を用いて (27) 式の負債に関する項を削除すると以下のようになる。

$$NPV^* = -1 + V_1[\tilde{R}_1 + \tilde{w}_1\tilde{K}_1] + V_2[(1-\tilde{w}_1)(\tilde{R}_2 + \tilde{K}_2)] \tag{31}$$

この式は1期間モデルの（21）式に対応している。

また，0，1，2期の税負担はそれぞれ以下のようになる。

$$T_0 = -\tau z_0$$
$$\tilde{T}_1 = \tau(\tilde{R}_1 - \tilde{z}_1 - r_1(1-z_0) + \tilde{w}_1[\tilde{K}_1 - (1-\tilde{z}_1 - z_0)])$$
$$\tilde{T}_2 = \tau(1-\tilde{w}_1)[\tilde{R}_2 - \tilde{z}_2 - \tilde{r}_2(1-\tilde{z}_1 - z_0) + \tilde{K}_2 - (1-\tilde{z}_2 - \tilde{z}_1 - z_0)] \tag{32}$$

ここで税率は一定であると仮定し，利潤と損失に対する税制上の扱いはやはり対称的であると仮定する。ここで一旦，租税の存在によって投資プロジェクトの打ち切りが影響されないと仮定して議論を進める。

投資プロジェクトの純現在価値は以下のようになる。

$$NPV = -(1-\lambda_0^\tau + T_0) + V_1[(1-\tilde{b}_1)\{\tilde{R}_1 - (1+i_1^\tau)\lambda_0^\tau - \tilde{T}_1 + (1-\tilde{w}_1)\tilde{\lambda}_1^\tau + \tilde{w}_1\tilde{K}_1\}]$$
$$+ V_2[(1-\tilde{b}_1)(1-\tilde{b}_2)(1-\tilde{w}_1)(\tilde{R}_2 + \tilde{K}_2 - (1+\tilde{i}_2^\tau)\tilde{\lambda}_1^\tau) - \tilde{T}_2] \tag{33}$$

上付きの $\tau$ は税が存在する場合を表している。また，無裁定条件により，以下の式が成り立つ。

$$\lambda_0^\tau = V_1[(1-\tilde{b}_1)(1+i_1^\tau)\lambda_0^\tau + \tilde{b}_1\{\tilde{R}_1 - \tilde{T}_1 + (1-\tilde{w}_1)\tilde{\lambda}_1^\tau + \tilde{w}_1\tilde{K}_1\}]$$
$$+ V_2[\tilde{b}_1(1-\tilde{b}_2)\{(1-\tilde{w}_1)(\tilde{R}_2 + \tilde{K}_2 - (1+\tilde{i}_2^\tau)\tilde{\lambda}_1^\tau) - \tilde{T}_2\}] \tag{34}$$

そして，次のように書き換える。

$$V_1[(1-\tilde{w}_1)\tilde{\lambda}_1^\tau] = V_2[(1-\tilde{w}_1)\{(1-\tilde{b}_2)(1+\tilde{i}_2^\tau)\tilde{\lambda}_1^\tau + \tilde{b}_2(\tilde{R}_2 + \tilde{K}_2)\} - \tilde{b}_2\tilde{T}_2] \tag{35}$$

ここで，（33）式から（34）式と（35）式を用いて負債に関する項を削除すると以下のようになる。

$$NPV = -(1-T_0) + V_1[\tilde{R}_1 + \tilde{w}_1\tilde{K}_1 - \tilde{T}_1] + V_2[(1-\tilde{w}_1)(\tilde{R}_2 + \tilde{K}_2) - \tilde{T}_2] \tag{36}$$

さらに，（33）式を用いて書き換えると以下のようなる。

62　　　　　　　　第3章　ACEの中立性

$$NPV = -1 + \tau z_0 + V_1 [(1 - \tau)(\tilde{R}_1 + \tilde{w}_1 \tilde{K}_1) + \tau \{\tilde{z}_1 + r_1(1 - z_0) + \tilde{w}_1(1 - \tilde{z}_1 - z_0)\}]$$
$$+ V_2 [(1 - \tilde{w}_1)\{(1 - \tau)(\tilde{R}_2 + \tilde{K}_2) + \tau(1 - \tilde{z}_1 - z_0)(1 + \tilde{r}_2)\}] \tag{37}$$

さらに，以下のように書き換える。

$$NPV = -(1 - \tau) + (1 - \tau)V_1 [\tilde{R}_1 + \tilde{w}_1 \tilde{K}_1] + (1 - \tau)V_2 [(1 - \tilde{w}_1)(\tilde{R}_2 + \tilde{K}_2)]$$
$$- V_1 [(1 - \tilde{w}_1)\tau(1 - \tilde{z}_1 - z_0)] + V_2 [(1 - \tilde{w}_1)\tau(1 - \tilde{z}_1 - z_0)(1 + \tilde{r}_2)] \tag{38}$$

1期における確実な利得を $X$ とすると，$X = V_2^1 [X(1 + r_2)]$ となる。さらに，$V_1 [(1 - \tilde{w}_1)\tilde{X}] = V_2 [(1 - \tilde{w}_1)\tilde{X}(1 + \tilde{r}_2)]$ であるから，$X = \tau(1 - z_1 - z_0)$ とすると，(38) 式の最後の2項は削除できる。よって投資プロジェクトの打ち切りの決定が税制から独立な場合，$NPV = (1 - \tau)NPV^*$ となる。

　以上から，投資に対する中立性を証明するためには，税の存在によって投資プロジェクトの打ち切り決定が変化しないことを確かめる必要がある。税がない場合，1期終了後に投資プロジェクトを打ち切らないためには，以下の式が成り立つ必要がある。

$$K_1 < \lambda_1 + V_2^1 [(1 - \tilde{b}_2)\{\tilde{R}_2 + \tilde{K}_2 - (1 + i_2)\lambda_1\}] \tag{39}$$

この式は (29) 式の無裁定条件より，以下のようになる

$$K_1 < V_2^1 [\tilde{R}_2 + \tilde{K}_2] \tag{40}$$

一方，税制がある場合の条件は以下のとおりである。

$$(1 - \tau)K_1 + \tau(1 - z_1 - z_0)$$
$$< \lambda_1^\tau + V_2^1 [(1 - \tilde{b}_2)\{(1 - \tau)(\tilde{R}_2 + \tilde{K}_2)$$
$$- (1 + i_2^\tau)\lambda_1^\tau + \tau(1 - z_1 - z_0)(1 + r_2)\}] \tag{41}$$

これを整理すると以下のようになる。

$$(1 - \tau)K_1 + \tau(1 - z_1 - z_0) < V_2^1 [(1 - \tau)(\tilde{R}_2 + \tilde{K}_2) + \tau(1 - z_1 - z_0)(1 + r_2)] \tag{42}$$

第3章　ACEの中立性　　　63

さらに整理すると以下のようになる。

$$(1-\tau)K_1 < (1-\tau)V_2^1[\tilde{R}_2+\tilde{K}_2] - \tau(1-z_1-z_0) + \tau(1-z_1-z_0)V_2^1[1+r_2]$$

$$\Leftrightarrow K_1 < V_2^1[\tilde{R}_2+\tilde{K}_2] \tag{43}$$

これは，(40) 式と一致し，租税が投資プロジェクトの打ち切り決定に対して
中立的であることが示された。よって，税率が既知で一定であれば，ここでの
税制は投資と投資プロジェクトの打ち切りに対して中立的である。

## 4．firm tax と shareholder tax

　Bond and Devereux [2003] は，Boadway and Bruce [1984]，Fane [1987]，
Bond and Devereux [1995] で議論された税制は firm tax に分類され，厳密に
は ACE とは異なる税制であるとした。そして，ACE は shareholder tax に分
類されるとし，投資のリスクと倒産リスクを考慮したモデルで shareholder
tax の投資に対する中立性を証明した。ここでは，Bond and Devereux [2003]
のモデルを示したうえで，firm tax と shareholder tax の定義を紹介する。

### （1）　モデル

　モデルでは，2期まで存在する企業を想定する。この企業は1つの投資プロ
ジェクトを行う。具体的には，0期に負債による調達を $\lambda(\geq0)$ の割合だけ行
い，0期に1だけ投資を行う。投資プロジェクトは各期（$t=1, 2$）に純キャッ
シュフロー$\tilde{R}_t$を生む。そして残った資産 $\tilde{K}_t$ は売却される。ここでチルダは確
率変数であり，投資プロジェクト開始時点で不確実であることを表す。また，
$\tilde{b}$ は1期に倒産した場合1，それ以外の場合にゼロになる確率的指標である。
さらに $\tilde{w}$ は1期に投資プロジェクトを打ち切る場合に1，それ以外の場合に
ゼロになる確率的指標で，換言すれば，$\tilde{w}$ がゼロになるのは1期に投資プロ
ジェクトが打ち切られず2期に打ち切られる場合である。企業が倒産しない場
合，企業は利子率 $i$ で負債の返済をする。一方，企業が倒産する場合，企業の
すべての資産は債権者に移ることになる。

64　　　　　　　　　第3章　ACE の中立性

　以上のような設定のもとで，株主にとっての投資プロジェクトの純現在価値は以下のようになる。

$$NPV^* = -(1-\lambda^*) + V_1[(1-\tilde{b}^*)\{\tilde{R}_1 - (1+i^*)\lambda^* + \tilde{w}^*\tilde{K}_1\}]$$
$$+ V_2[(1-\tilde{b}^*)(1-\tilde{w}^*)\{\tilde{R}_2 + \tilde{K}_2\}] \tag{44}$$

ここで，アスタリスクは税が存在しないケースを表している。また，$V_t[\cdot]$ は $t$ 期に発生する不確実なキャッシュフローの 0 期における現在価値である。なおここでも Value Additivity Principle を仮定する。また，無裁定条件より以下の式が成り立つ。

$$\lambda^* = V_1[(1-\tilde{b}^*)(1+i^*)\lambda^* + \tilde{b}^*\{\tilde{R}_1 + \tilde{w}^*\tilde{K}_1\}] + V_2[\tilde{b}^*(1-\tilde{w}^*)\{\tilde{R}_2 + \tilde{K}_2\}] \tag{45}$$

さらに（44）式と（45）式より，以下の式が成り立つ。

$$NPV^* = -1 + V_1[\tilde{R}_1 + \tilde{w}^*\tilde{K}_1] + V_2[(1-\tilde{w}^*)(\tilde{R}_2 + \tilde{K}_2)] \tag{46}$$

## （2）　firm tax の定義

　上記の設定のもと，firm tax は以下のように定義される。

① 　$\tilde{R}_t$ は各期に既知の一定の税率 $\tau(0 \leq \tau < 1)$ で課税される

② 　各期に減価償却控除 $z_t$ が存在する。また，$I_t$ を $t$ 期の粗投資とすると，$t$ 期末の評価減後価格は $Z_t = \sum_{j=0}^t I_j - \sum_{j=0}^t z_j$ となる。

③ 　企業の倒産，投資プロジェクトの打ち切りに関わらず各期に資金調達のコストに対する控除 $r_t Z_{t-1}$ が存在する。ここで $r_t$ は $t$ 期と $t-1$ 期の間のスポットリスクフリー名目利子率である。

④ 　$t$ 期に投資プロジェクトを打ち切る場合，差額賦課 $\tau(K_t - Z_t)$ がある。$K_t$ は $t$ 期に売却される資産の市場価値である。

以上から，継続中の納税額は $\tau[R_t - z_t - r_t Z_{t-1}]$，投資プロジェクトが打ち切られた際の納税額は，$\tau[R_t - z_t - r_t Z_{t-1} + (K_t - Z_t)]$ である。これらの税は倒産し所有権が債権者に移るかどうかに関わらず課される。また，R ベースキャッ

第3章 ACEの中立性　　　65

シュフロー税は，$z_t = I_t$ とした（その結果としてすべての期において $Z_t = 0$ となる）場合の firm tax である。よって，継続中の納税額は $\tau(R_t - I_t)$，投資プロジェクトが打ち切られる際の納税額は $\tau(R_t + K_t)$ である。

## （3）　shareholder tax の定義

shareholder tax の定義は以下のとおりである。

① firm tax と同じ

② firm tax と同じ

③ 倒産や投資プロジェクトの打ち切りに関係なく，各期に $r_t(Z_{t-1} - \lambda_{t-1})$ だけ自己資本による調達費用の控除が行われる。これがいわゆる ACE 控除である。なお，$\lambda_{t-1}$ は $t-1$ 期末の未払負債である。

④ $t$ 期に倒産しないケース（$b_t = 0$）では，$i_t$ を $t$ 期と $t-1$ 期の間の未払の負債にかかる名目利子率とすると，$i_t \lambda_{t-1}$ だけ控除が行われる。つまり，$i_t \lambda_{t-1}$ は名目支払利子である。その一方，企業の受取利子には課税される。

⑤ $t$ 期に倒産せず（$b_t = 0$），$t$ 期に投資プロジェクトを打ち切るケース（$w_t = 1$）では $\tau(K_t - Z_t)$ だけの差額賦課がある。$K_t$ は $t$ 期に売却される資産の市場価値である。

⑥ $t$ 期に倒産するケース（$b_t = 1$）では，投資プロジェクトを打ち切るかどうかに関わらず既存株主は③に加えて，$(Z_{t-1} - \lambda_{t-1})$ だけ控除を受ける。

⑦ $t$ 期に倒産するケース（$b_t = 1$）では，$Z_t$ は $t$ 期における資産の市場価値に等しくなるよう設定される。また，投資プロジェクトを打ち切る場合（$w_t = 1$），$Z_t = K_t$ となり，⑤の差額賦課はない。さらに投資プロジェクトを打ち切らない場合（$w_t = 0$），$Z_t$ は後の（subsequent）投資プロジェクトの課税前キャッシュフローの純現在価値になるよう設定される。

以上より，各期の納税額は以下のようになる。まず0期は減価償却控除額と等しくなる。

$$T_0 = -\tau z_0 \tag{47}$$

1 期は倒産と投資プロジェクトの打ち切りを考慮して以下のようになる。

$$\tilde{T}_1 = \tau(1-\tilde{b})[\tilde{R}_1 - \tilde{z}_1 - r_1(Z_0 - \lambda) - i\lambda + \tilde{w}\{\tilde{K}_1 - \tilde{Z}_1\}] - \tau\tilde{b}(1+r_1)(Z_0 - \lambda) \quad (48)$$

1 期に更なる負債がなく，2 期の末に投資プロジェクトを打ち切る場合の 2 期の納税額は以下のようになる。

$$\tilde{T}_2 = \tau\{\tilde{R}_2 - \tilde{z}_2 - \tilde{r}_2\tilde{Z}_1 + [\tilde{K}_2 - \tilde{Z}_2]\} \quad (49)$$

ここで$\tilde{Z}_1$は 1 期に倒産したかどうかに依存する。もし倒産しない場合，$\tilde{Z}_1 = 1 - z_0 - \tilde{z}_1$となる。しかし，1 期に倒産し，投資プロジェクトを打ち切らない場合（$b=1$，$w=0$），$\tilde{Z}_1$は$V_2^1[\tilde{R}_2 + \tilde{K}_2]$と等しくなるよう設定される。ここで，$V_2^1[\cdot]$は 2 期において生じるキャッシュフローの 1 期における純現在価値である。また，S ベースキャッシュフロー税，すなわち R + F ベースキャッシュフロー税は，$z_t = I_t - (\lambda_t - \lambda_{t-1})$とした（その結果としてすべての期において$Z_t = \lambda_t$となる）場合の shareholder tax である。よって継続中の納税額は，$\tau[R_t - I_t + \lambda_t - (1+i_t)\lambda_{t-1}]$で，倒産せずに投資プロジェクトが打ち切られる場合の納税額は，$\tau[R_t - (1+i_t)\lambda_{t-1} + K_t]$となる。

# Ⅳ．おわりに

　本稿では投資のリスクに注目し，ACE の中立性に関する理論研究を整理した。理論的基礎となった Boadway and Bruce [1984] に投資のリスクを加えたモデルが提示され，それに倒産のリスクや投資の打ち切りを加えたり，負債を明示的に取り入れるなどして拡張が図られてきた。そして，そうした仮定の下で中立性が成立する条件は何か，その条件は現実的かということについて議論がなされてきた。また，本稿では投資のリスクを考慮した研究のうち代表的なもの（Fane [1987]，Bond and Devereux [1995]，Bond and Devereux [2003]）については特に詳しく紹介した。

　Ⅰ節でも述べたが，ACE 導入はわが国の法人税制の中長期的課題であると

いえる。わが国の ACE の制度設計について考える際には，リスクを考慮した理論研究の成果を踏まえることが重要であるが，それをそのまま取り入れることは望ましくない。理論研究で置かれている仮定とわが国の現状をよく比較検討し，柔軟に対応する必要がある。例えば，理論研究では課税ベースが負の場合も課税し，みなし利子率としてリスクフリー名目利子率を用いるのが基本であるが，負の課税ベースへの課税が実現困難であれば，みなし利子率をリスクフリー名目利子率よりも高く設定することなどが考えられる。

＊本稿は JSPS 科研費15k03523の助成を受けたものである。また，本稿の作成に当たり一般財団法人電力中央研究所の井上智弘主任研究員より貴重なコメントをいただいた。記して感謝申し上げる。もちろん，有り得べき誤りは全て筆者に帰するものである。

## ［注］

1) IMF が発表した声明（2014年対日四条協議終了にあたっての IMF 代表団声明）では，わが国において ACE 導入について検討することが提案されている。
2) Bond and Devereux［2003］及び Bond and Devereux［1995］は，後述する protected debt を（暗に）想定していると解釈することもできる。
3) 本稿で取り上げた研究以外にも理論研究は蓄積されている。近年の理論研究の展開については，井上・山田［2016］第Ⅲ節を参照されたい。

## ［参考文献］

Boadway, R. and N. Bruce［1984］, "A General Proposition on the Design of a Neutral Business Tax," *Journal of Public Economics* 24 (2), pp. 231-239.

Boadway, R., M. Sato and J. F. Tremblay［2015］, "Cash-Flow Business Taxation Revisited: Bankruptcy, Risk Aversion and Asymmetric Information," 2015年国際財政学会報告論文

Bond, S.R.［2000］, "Levelling up or Levelling down? Some Reflections on the ACE and CBIT Proposals, and the Future of the Corporate Tax Base," in Cnossen, S. ed., *Taxing Capital Income in the European Union,* Oxford University Press, Chapter 7, pp. 161-179.

Bond, S.R. and M.P. Devereux [1995], "On the Design of a Neutral Business Tax under Uncertainty," *Journal of Public Economics* 58 (1), pp. 57-71.

Bond, S.R. and M.P. Devereux [2003], "Generalised R-based and S-based Taxes under Uncertainty," *Journal of Public Economics* 87 (5-6), pp. 1291-1311.

Fane, G. [1987], "Neutral Taxation under Uncertainty," *Journal of Public Economics* 33 (1), pp. 95-105.

Hebous, S. and M. Ruf [2015], "Evaluating the Effects of ACE Systems on Multinational Debt Financing and Investment," CESifo Working Paper No. 5360.

Institute for Fiscal Studies [1991], *Equity for Companies: A Corporation Tax for the 1990s*, A Report of the IFS Capital Taxes Group Chaired by Malcolm Gammie.

Johansson, S.-E. [1969], "Income Taxes and Investment Decisions," *Swedish Journal of Economics* 71, pp. 104-110.

Kanniainen, V. and P.M. Panteghini [2008], "Tax Neutrality: Illusion or Reality? The Case of Entrepreneurship," *Discussion Paper No.0803*, Dipartimento di Scienze Economiche Universita degli Studi di Brescia.

Klemm, A. [2007], "Allowances for Corporate Equity in Practice," *CESifo Economic Studies* 53 (2), pp. 229-262.

Panteghini, P.M. [2004a], "Wide versus Narrow Tax Bases under Optimal Investment Timing," *FinanzArchiv* 60 (4), pp. 482-493.

Panteghini, P.M. [2004b], "Neutrality Properties of Firm Taxation under Default Risk," *Economics Bulletin* 8 (4), pp. 1-7.

Panteghini, P.M. [2006], "S-based Taxation under Default Risk," *Journal of Public Economics* 90 (10-11), pp. 1923-1937.

Samuelson, P.A. [1964], "Tax Deductibility of Economic Depreciation to Insure Invariant Valuations," *Journal of Political Economy* 72, pp. 604-606.

U.S. Department of the Treasury [1992], *Integration of the Individual and Corporate Tax Systems: Taxing Business Income Once*, U. S. Government Printing Office.

井上智弘・山田直夫 [2014], 「ベルギー法人税制における NID 導入の効果」『会計検査研究』No.49, 11-28頁。

井上智弘・山田直夫 [2016], 「ACE の理論と実際」『証券経済研究』第95号, 1-23頁。

# 第4章 フィンランドにおける
## 2005年資本所得税改革と法人投資

野 村 容 康

## Ⅰ. はじめに

### 1. 研究の目的

　本研究は，2005年に実施されたフィンランドにおける資本所得税の改革が企業の投資行動にどのような影響を与えたかを分析することを目的としている。より具体的には，フィンランド上場企業のミクロ財務データを利用して，2005年における配当課税の改革がそれにより影響を被ると予想される法人企業の固定資本投資に有意な効果を及ぼしたかどうかについて検証する。

　フィンランドの所得税制は，1993年に，従来の総合所得税の原則から離れて二元的所得税（Dual Income Tax）の体系に移行した。この動きは，経済のグローバル化を背景として，1980年代半ばから1990年代初頭にかけて，デンマーク，スウェーデン，ノルウェーといった北欧諸国で相次いで実施された，二元的所得税の導入を含む税制改革の潮流の一環として位置付けることができる（Tikka［1993］，Sørensen［1998］）。これ以降，フィンランドでは，資本所得と勤労所得の分離課税という二元的所得税の基本的な構造が維持されてきたが，1995年の EU 加盟，2002年のユーロ導入を経て，ますます進展するグローバル化に対応すべく，2005年に93年以来の大規模な税制改革が行われることになった。

　改革の主たる内容は，法人税を含む資本所得税の変更で，その中には同国で

それまで法人所得の二重課税調整措置として採用されてきたインピュテーション方式の廃止が含まれている。これにより，内国上場法人から国内個人株主に支払われる配当はそれまでの実質非課税から原則課税扱いに変更されることになった。そこで，本研究は，こうした政策の変更が，2005年以降の法人の投資行動にどのような影響を与えたかを検証しようというものである。

## 2．問題意識

本稿において，このようなフィンランドにおける配当課税の変更が法人投資に及ぼす影響を分析の対象とするのは，以下のような問題意識に基づいている。

第1に，二元的所得税体系の下で，リスク・キャピタルとしての株式への課税はどうあるべきかという問題である。Cnossen［2000］は，理想的な二元的所得税体系を意味する "the pure DIT" を構成する7つの要件の1つに，「株主に分配された利潤にかかる法人段階と個人段階での二重課税を完全に排除すること」を挙げ，法人所得の適正な課税は，企業と投資家の意思決定に中立的な資本所得課税の実現に不可欠であるとしている[1]。そうであるならば，フィンランドの2005年改革は，インピュテーション方式の廃止により，法人所得の二重課税調整を断念したという点で，pure DIT からの明らかな後退であるとみなすことができる[2]。したがって，こうした制度変更が法人企業の行動などの実体経済にどのような影響を与えたかを検証することは，所得課税の効率性という観点から重要であり，二元的所得税の下での資本所得税の具体的な制度設計を考える際の参考になるものと考えられる。

第2に，個人の配当課税と法人投資との関係を企業の異質性に注目して明らかにしたいというものである。個人段階での資本所得課税は，資本コストの変化を通じて，理論的にこそ法人の意思決定に重要な影響を及ぼしうると考えられるものの，これまで実証的にはあまり強い影響はないとする見方が目立った（Desai and Goolsbee［2004］，Brav et al.［2005］）。ところが，近年の研究では，資金調達手段や株主構成の違いなどのミクロレベルでの企業の属性を考慮

することで，個人配当課税が特定の企業に対して統計的に有意な影響を与えるとの結果も導かれている（Becker et al.［2013］）。そこで，今回のフィンランドにおける配当課税の変更に際しても，それが企業の属性によって投資への効果に有意な差が認められるかどうかは，個人課税と法人の投資行動との関係を明らかにするための事例の一つになることが期待される。

第3に，第2の点に関連して，理論的に，企業が国際資本市場にアクセスできる場合には，配当課税のような個人貯蓄課税は企業の実物投資に何ら影響を与えない（Sørensen［2010］，馬場［2012］）とされるが，現実はどうなのかという問題である。小国開放経済の下で，個人貯蓄課税と法人投資との関係が遮断されてしまうのは，たとえ貯蓄課税によって国内貯蓄が減少しても，これに伴う企業の投資資金の不足分は，ちょうど海外からの資本輸入の増加によって埋め合わせられるからである[3]。逆に，法人所得税のような企業段階での税は，企業の資本コストに変更を加え，法人投資に影響を与えることになる。この点で，EU共通通貨のユーロを採用し，域内市場の強い圧力に晒されるフィンランドにおいて，2005年の改革は，小国開放経済下における貯蓄課税の効果について，興味深い材料を提供しているように思われる。

## 3．先行研究

2005年フィンランド税制改革の効果を検証した，数少ない先行研究としては，Hietala and Kari［2006］，Kari et al.［2008］，Kari et al.［2009］，Korkeamäki et al.［2010］がある[4]。このうち，Kari et al.［2008］，Kari et al.［2009］が改革の法人投資への効果に関連した分析を行っている。

まず，Kari et al.［2008］は，1999～2004年までのフィンランド国税庁の企業別データを利用して，2005年改革を前にしての企業の配当政策と投資政策の変化について検証している。フィンランドでは，2005年の改革に先立って2002年10月に2005年改革のおおよその内容を示した財務省報告（Arvela report）が公表されている。そのため，ここでは，企業が事前に2005年の制度変更を視野に入れて行動したであろうとの想定の下で分析が行われている。

それによると，配当課税の増税を予期した上場企業・非上場企業は，改革前の2003年と2004年においておよそ2～5割ほど統計的に有意に配当支払いを増加させたという。こうした配当支払いの増加は，上場企業および非上場企業の実物投資の減少を伴わなかったが，非上場企業については，負債が有意に増加していた（借入れを行って配当を増やした可能性を指摘）としている。

一方，Kari et al.［2009］は，1999～2006年までの Kari et al.［2008］と同様のデータに依拠して，2005年改革がフィンランド上場企業・非上場企業の配当と実物投資に与えた影響について DID（difference-in-difference）推定による分析を行っている。その結果，2005年改革後においては，上場企業・非上場企業ともに配当をいくらか減少させたが，これは Kari et al.［2008］と同様に，税制改革の事前予想が配当のタイミングを速めたことによるものと説明している。他方，支払い配当への課税強化に直面する企業ほど投資が有意に減少するという関係性は，とりわけ上場企業のケースでは認められなかった。

しかし，これら先行研究のうち Kari et al.［2009］には，少なくとも上場法人への効果に関して2つの分析上の問題点が含まれていると考えられる。1つは，DID 推計におけるトリートメント・グループ（評価の対象となる，政策の影響を受けるグループ）の抽出方法である。同分析では，たとえば，インピュテーション方式の廃止に伴う個人段階での配当課税によって影響を受けると予想される上場法人を，フィンランド個人株主の株式保有割合が50％超の企業としている[5]。しかし，たとえ国内個人株主の保有割合が高くても，配当課税の New View が主張するように，企業の限界的な投資が内部資金ないし負債でファイナンスされる限りにおいて，そうした企業の投資は配当課税によって影響を受けない可能性がある。その意味で，より適切なトリートメント・グループとして，配当課税の Old View が想定するような限界的資金調達を新株発行に依存せざるをえない企業を抽出する必要がある。

もう1つは，Kari et al.［2009］が使用した8年間のパネルデータの中には改革後のサンプルが2年しか含まれていないために，同分析では，もっぱら改革直前と直後の効果が強く反映された短期的な効果を取り出す結果となった。

しかし，Korinek and Stiglitz［2009］が指摘するように，配当課税の変更は，変更の直前だけでなく，その反動が表れる施行直後にも強く作用し，平時とは異なる誘因を経済主体に与える可能性が強い。そのため，そうした anticipation 効果を避けて税制改革のより恒常的な影響を見極めるためには，改革直前と直後のサンプルは分析対象から除外すべきである（Flank et al.［2012］）。こうした点を考慮すれば，フィンランドの2005年改革では，後述するように改革が実施される１年以上前には，既に改革のおおよその内容が公表されていたことから，anticipation 効果を回避するうえで，この場合，少なくとも改革前後２年のデータは除外するのが適当であると考えられる。

# Ⅱ．2005年の資本所得税改革

## 1．2005年改革までの経緯

### （1） 従来の二元的所得税

はじめに述べたように，フィンランドでは，1993年から北欧型の二元的所得税をモデルとした所得課税が採用されている。その基本的な仕組みを概観すると，以下のとおりである[6]。

まず，利子，配当，キャピタル・ゲイン，不動産所得などのすべての資本所得は，低率の比例課税の対象となる。税率は2000年以降，法人税と同じ29％であった。ただし，キャピタル・ロスについては，資本所得全体から控除できず，当該年ないし次年度以降３年間のキャピタル・ゲインとのみ相殺可能であった。また，保有期間が10年超の長期キャピタル・ゲインについては，売却価格の50％を取得価格とみなすことができた。

他方，賃金，給与，年金所得などの他のすべて所得は，稼得所得として，各種控除を適用した課税所得に対して，複数のブラケットをもつ国税の累進税率と，地方所得税が課せられる。2004年時点で，国税としては，11〜34％の５段階の税率が採用されていた[7]。

74　　　第4章　フィンランドにおける2005年資本所得税改革と法人投資

　そうしたなか，フィンランドでは，二元的所得税導入に先立つ1990年に，法人の分配所得への適正な課税を実現する目的から，完全インピュテーション方式が導入されている。これは，それまでの法人課税における配当控除制度に代替する措置であり，課税ベースの拡大を狙いとする一連の法人税改革の重要な部分を占めるものであった[8]。その後，株主段階での受取配当は，1993年より，資本所得税率と法人税率が等しく設定される二元的所得税の下で実質的に非課税扱いとされることになった[9]。

　一方，小規模企業等の所得（自営業者やパートナーシップの利益，非上場株式の配当など）は，二元的所得税の導入以降，税率差に基づく稼得所得から資本所得への転換を防止する観点から，2種類の所得に分割して課税された（splitting system）。その際，非上場法人の場合には，企業の純資産の9.585％が資本所得とみなされ，それ以外すべての企業所得が稼得所得として累進課税の対象となった。

### （2）　Arvela 報告提案

　2005年の税制改革に結実する改革案を策定するにあたっては，2002年11月にLasse Arvela を座長とする，財務省のワーキンググループが報告書を発表している[10]。その主な提案は，フィンランド税制の国際競争上の地位向上を図る観点から，法人税率と個人の資本所得税率をともに29％から25％に引き下げると同時に，現行のインピュテーション方式と非上場配当に適用される splitting system を廃止して，配当の完全な二重課税に移行すべきというものであった。この提案は，少なくとも上場株式の配当については，法人税を含めた実効負担率がそれまでの29％から43.75％に上昇することを意味していた[11]。

　ところが，同報告による改革提案は，内閣の支持を得ることができず，政府が2003年11月に独自に提案した改革案[12]に沿う形で修正された法案が2004年6月に議会で可決され，新たな制度は2005年1月から施行されることになった。

## 2．改革の内容

こうした経緯を経て2005年に実現した資本所得税改革は，以下の内容を含んでいた（図表4－1）。第1に，法人所得税ならびに資本所得税の税率は，従来の29％からそれぞれ26％と28％に引き下げる。第2に，完全インピュテーション方式は廃止し，原則として個人の受取配当はその70％を資本所得として課税対象とする[13]。第3に，非上場企業の配当に関するsplitting systemは維持されるが，配当を計算するための帰属収益率は9％に引き下げられるとともに，その範囲内で9万ユーロの非課税枠が設定された。第4に，非上場株式の配当全体のうち帰属収益率を超える部分については，その70％が稼得所得に算入された。その他，キャピタル・ゲイン課税に関連して，保有期間10年超の長期キャピタル・ゲインを算定する際のみなし取得価格が売却価格の50％から40％に引き下げられた。

以上の改定のうち，われわれが注目するインピュテーション方式が撤廃され

### 図表4－1　2005年の所得税改革の概要

|  | 2004年 | 2005年改革 |
|---|---|---|
| 法人所得税率 | 29％ | 26％ |
| 資本所得税率 | 29％ | 28％ |
| 稼得所得の税率構造[1] | 11～34％の5段階 | 10.5～33.5％の5段階 |
| 配当課税（上場株式） | 完全インピュテーション方式 | 部分課税方式（70％）[2] |
| 配当課税（非上場株式） | splitting system[3]の下で完全インピュテーション方式 | 帰属収益率の範囲内で，9万ユーロまで非課税 |
| 一帰属収益率 | 9.585％ | 9％ |

（注）1）　国税のみ。これに別途，16～21％の地方所得税が課せられる。
　　　2）　2005年のみ配当の54％が課税対象。
　　　3）　法人純資産に帰属収益率をかけた部分のみ配当所得，それ以外は稼得所得として扱われる。
〔出所〕　Harja and Matika［2012］，p.34をもとに作成。

たことの背景には，EU 域内でのクロスボーダー所得への課税問題がある[14]。それまで，フィンランドにおける同方式の下で，インピュテーション・クレジットの対象は，双務的租税条約で規定される場合を除き，原則として国内法人から国内株主に支払われる配当に対してのみ適用された。そのため，たとえば，外国法人から国内株主に支払われる配当や国内法人から外国株主に支払われる配当についてはクレジットが与えられないことになる。しかし，このような税制上の扱いは，国内投資に比べて国境を超えるポートフォリオ投資を不利にするという点で，域内の自由な資本移動を確保することを規定した EU 条約に抵触するとされたことから，フィンランド当局も対応を迫られることになったのである[15]。

　こうして，フィンランドでは，2005年以降，インピュテーション方式の廃止によって，上場株式の配当に対する法人税を含めた実効負担率は，それまでの29%から40.5%（2005年のみ37.2%）へと引き上げられることになった。以下では，こうした変更が実際にフィンランド上場法人の投資行動にどのような影響を与えたかについて分析を加える。

# III. 分析の枠組み

## 1. 理論的背景

　理論的に，配当課税と法人投資との関係は，当該企業の限界的な資金調達手段が何であるかによって異なると考えられている。企業の代表的な資金調達手段としては，新株発行，内部資金，借入れが想定される。

　まず，配当課税に関する Old View の見方によると，企業は追加的な投資資金を新株発行により賄うので，配当課税は企業の資本コスト（必要収益率）を引き上げて，法人投資にマイナスの影響を与えることになる。一方，New View では，限界的投資が内部資金によってファイナンスされるため，配当課税は，企業の資本コストを変化させず，投資には影響を与えない。また，当然

ながら，限界的投資が借入れによって賄われる場合も，配当課税は企業の資本コストと無関係となる。

　このうち，企業の限界的資金調達としての新株発行と内部資金の各ケースで，配当課税が企業投資に及ぼす効果の違いについては，以下の簡単な2時点モデルによって説明することができる（Becker et al.［2013］）。

（仮定）

　　・企業は第1期に1ユーロの投資機会をもち，第2期に$1+\pi$を受け取る。

　　・投資収益$\pi$には法人税（税率$=\tau_c$）が適用される。

　　・企業は第2期に投資から得られたすべての資金を配当として投資家に配分する。その配当には，配当税（税率$=\tau_d$）が適用される。

　　・投資家は，$r_g$の収益率が見込まれる，同様のリスクを伴う金融商品（債券）に投資可能で，その収益には税率$\tau_i$の所得税が適用される。したがって，投資家の課税後収益率は，$r=r_g(1-\tau_i)$となる。

## （1）　限界的投資が新株発行によって賄われるケース

　企業が計画した投資プロジェクトに必要となる資金を内部資金や負債で調達できない場合には，新株発行に頼らざるをえない。このとき，投資家は，企業の株式発行に応じて資金を提供するか，あるいは代替的な債券に投資するかを決定する。

　企業は，第1期に新株発行で調達した1ユーロで投資プロジェクトを実行し，第2期に法人税支払い後の収益である$\pi(1-\tau_c)$を受け取る。企業は，これを全額，配当として投資家に配分するので，投資家の税引き受取額は，$1+\pi(1-\tau_c)(1-\tau_d)$となる。他方で，投資家は債券への投資により第2期に$1+r$を得ることもできるので，企業の必要収益率（$\pi(1-\tau_c)=r^E$）は，

$$r^E = r\diagup(1-\tau_d)$$

となる。これにより，配当課税の強化は，内部資金や負債に依存できない企業の資本コストを引き上げて，当該企業の投資を減らすことが想定される。

## （２） 限界的投資が内部資金によって賄われるケース

内部資金を利用できる企業は，当該内部資金１ユーロを第１期に配当として投資家に分配するか，あるいは第１期に同額の投資プロジェクトに投下するかを選択する。

企業が第１期に１ユーロを配当として分配した場合，投資家の受取額は，$(1-\tau_d)$ で，投資家はこれを債券で運用して，第２期に $(1-\tau_d)(1+r)$ を得る。他方，企業は１ユーロの投資により，来期に受け取った $1+\pi(1-\tau_c)$ を配当として投資家に支払う。その結果，第２期の投資家の税引き受取額は，$[1+\pi(1-\tau_c)](1-\tau_d)$ となる。したがって，この場合の企業の必要収益率（$\pi(1-\tau_c)=r^I$）は，

$$r^I = r$$

となり，配当課税によって左右されず，当該企業の投資も影響を受けない。

## ２．推論と仮説

以上の理論的考察に基づき，2005年におけるインピュテーション方式の廃止（上場法人を対象とした配当課税の強化）は，限界的投資を新株発行に依存する（資金制約のある）企業とそうでない（資金制約のない）企業との間で資本コストの差を拡大させると予想されることから，2005年以降，両者の間で，その投資行動に違いが表れているのではないかと推測することができる。

こうした推論に基づき，以下では，「2005年におけるインピュテーション方式の廃止は，それ以前に比べて，資金制約のある上場法人と資金制約のない上場法人との間で資本投資の差を拡大した」との仮説を検証する。

## ３．推定モデル

上記の仮説を検証するにあたり，本研究では，固定効果モデルを用いた以下の DID を推定する。

第 4 章　フィンランドにおける 2005 年資本所得税改革と法人投資　　79

$$Inv_{it} = a + \beta_1 Tref + \beta_2 Cashpoor^* Tref + \beta_n X_{it} + a_i (+F_t) + \varepsilon_{it}$$

（$Inv_{it}$：i 企業の t 時点における投資，$Cashpoor$：資金制約のある企業を区別するダミー，$Tref$：2005 年改革以降を区別するダミー，$Cashpoor^* Tref$：交差項ダミー，$X_{it}$：企業属性をあらわすコントロール変数群，$a_i$：個別効果，$F_t$：時点効果，ただし，$F_t$ を含む場合には $Tref$ は使用されない）

　この推計式では，個別効果は，他の説明変数と相関する可能性がある，個別企業ごとの観察できない効果をあらわしており，これにより除外変数バイアスを避けることができる。また，時点効果は，企業間では共通であるが，時間ごとに異なる変数であり，投資に与えるある時点固有の影響がすべてカバーされる。したがって，推計式に時点効果（あるいは $Tref$）を含めることによって，すべての企業に共通して関係する法人税率改定の影響はコントロールされることになる。

　上記式の交差項ダミーの係数 $\beta_2$ が，資金制約のある企業（トリートメント・グループ）の改革前後における投資の変化分から，資金制約のない企業（コントロール・グループ）の改革前後の投資の変化分を引いた差分（DID 推定量）をあらわす。したがって，$\beta_2$ の符号が統計的に有意にマイナスであれば，改革によって両グループの投資差が拡大したことが確認され，先の仮説が支持されることになる。

## 4．使用データ

　本研究では，Thomson Reuters Markets の Datastream が提供する企業財務データを使用する。分析の対象とするヘルシンキ証券取引所における上場企業は，2005 年時点で 143 社存在する。ここでは，主要な財務データが入手可能な，1999～2010 年までの 74 社のうち，金融機関を除いた 70 社のパネルデータを使用する（図表 4 - 2）。

　また，先に先行研究に関連して述べた通り，2005 年改革の直前直後の影響を

80 第4章 フィンランドにおける2005年資本所得税改革と法人投資

**図表4−2 分析対象とした企業の部門別内訳**

| Sector | Number of Firms |
|---|---|
| Basic Materials | 8 |
| Consumer Seivices | 7 |
| Consumer Goods | 14 |
| Industrials | 28 |
| Technology | 9 |
| Telecommunications | 2 |
| Utilities | 1 |
| Health Care | 1 |
| Total | 70 |

〔出所〕 Nasdaq OMX ウェブサイトより作成。

除去するため，2003〜2006年の期間を除外し，改革前を1999〜2002年，改革後を2007〜2010年とする。そのため，基本的なサンプル数は560（70×8）となる。

## 5．変数の定義と基本統計

### （1） 被説明変数・コントロール変数

被説明変数である企業投資（$Inv$）は，当期の資本投資／前期の総資産として表される。この場合の資本投資（capital expenditure）とは，「企業買収とは関係のない固定資産（資本減耗分を除く）を取得するための資金」と定義される[16]。

企業属性をあらわすコントロール変数群には，Jugurnath et al.［2008］，Becker et al.［2013］などを参考にして，負債比率，売上比率，固定資産比率，キャッシュフロー比率，企業規模を用いた。これら変数の基本統計量は図表4−3のとおりである。

### （2） トリートメント・グループの特定

上記の仮説を検証するに際しては，DID 推定におけるトリートメント・グループ（$Cashpoor$）をどのように特定するかが鍵となる。先の理論的考察に

第4章　フィンランドにおける2005年資本所得税改革と法人投資　　　81

## 図表4－3　各変数の基本統計量

|  | Inv | Debt | Sales | Salegr | Fixcap | Flow | Size | Tref |
|---|---|---|---|---|---|---|---|---|
| 平均値 | 0.075 | 0.250 | 1.310 | 0.097 | 0.300 | 0.122 | 12.742 | 0.500 |
| 中央値 | 0.048 | 0.255 | 1.198 | 0.056 | 0.273 | 0.092 | 12.467 | 0.500 |
| 最大値 | 1.496 | 0.792 | 5.169 | 5.050 | 0.865 | 2.073 | 19.370 | 1.000 |
| 最小値 | 0.000 | 0.000 | 0.144 | − 0.935 | 0.000 | − 0.475 | 7.989 | 0.000 |
| 標準偏差 | 0.102 | 0.154 | 0.616 | 0.388 | 0.186 | 0.204 | 2.172 | 0.500 |
| 標本数 | 560 | 560 | 560 | 560 | 560 | 560 | 560 | 560 |

(注)　各変数は以下のように定義される。
　　Inv：資本投資＝当期の資本投資／前期の総資産，Debt：負債比率＝前年の負債／前年の総資産
　　Sales：売上比率＝当年の売上収入／前年の総資産，Fixcap：固定資産比率＝前年の固定資産／
　　前年の総資産，Flow：キャッシュフロー比率＝当年のキャッシュフロー／前年の総資産，
　　Size：企業規模＝ln 総資産。

従って，トリートメント・グループとしては「限界的資金調達を新株発行に依存する企業」でなければならないので，1つの選択肢としては企業の内部資金の多寡によって特定する方法が考えられる。たとえば，総資産に占める現金保有額の割合が下位20％の企業を抽出する方法である（Becker et al.［2013］，Alstadster et al.［2014］）。

　しかし，このような現金保有額の規模だけでは，必ずしも「新株発行に依存する企業」を特定化したことにはならない可能性がある。なぜなら，たとえ内部資金の水準それ自体が低かったとしても，同時に目標とする投資水準も低ければ，必ずしも新株発行に依存する必要はないからである。また，内部資金が足らなくとも，借入れによって限界的投資を賄うことができる企業であれば，同様に新株発行を回避することができる。

　したがって，新株発行に依存せざるをえないのは，あくまでも目標とする当期の投資規模に照らして，それを賄うための内部資金が不足するケースであり，かつ負債に依存するのが困難な企業であるとみるのが適当である。そうした考えから，ここでは，トリートメント・グループとして，2000～2002年までの3年間の平均値で，

　①現金保有比率（＝現金等保有／総資産）が下位20％（*Cashpoor 1*）

②現金投資比率（＝現金等保有／資本投資）が1未満（*Cashpoor 2*）

③現金投資比率が1未満で，かつ負債比率（＝負債／総資産）が上位20％（*Cashpoor 3*）

の3つのケースを設定する[17]。

判定の基準を2000～2002年の平均としたのは，2005年改革の影響から切り離してトリートメント・グループを特定するためである。また，②③のケースでは，内部資金が不足状態にあるかどうかを判別する基準となる「目標とする投資規模」が明らかでないため，それに代えて現実の資本投資額を用いた。さらに③のケースで，負債比率の高さによってスクリーニングをかけたのは，負債比率の高い企業ほど，元利金の支払いなどで倒産リスクが高くなり，それだけ追加的な借入れが困難になると予想されるからである。

そこで，対象となる70社について現金保有比率，現金投資比率，負債比率を計算した数値に基づき，上記3つのトリートメント・グループを次のように特定した。まず，現金保有比率が下位20％の14社（*Cashpoor 1*）について，同比率は0.002～0.030であった。次に，現金投資比率が1を下回る *Cashpoor 2*

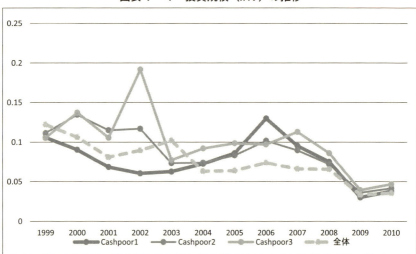

図表4－4　投資規模（*Inv*）の推移

に該当する企業は33社で，同比率は0.096〜0.939であった。さらに，この中から負債比率が全体の上位20%（0.362〜0.685）に入る11社を抽出した。

図表4－4は，1999〜2010年までにおける，上記3つのトリートメント・グループにおける *Inv* の平均値の推移を全体の平均値とともに示している。2005年改革前後を比較すると，*Cashpoor 1* を除いて，全体としては投資の規模が改革前よりも改革後に低下していることがわかる。

## Ⅳ．推定結果と考察

図表4－5は，特定した3つのトリートメント・グループについて，企業属性をあらわすコントロール変数群の有無，個別効果・時点効果の有無に分けて各々の推定結果を示している。*Cashpoor 1* と *Cashpoor 2* では，どちらも DID 推定量は有意でなかったものの，*Cashpoor 3* では，コントロール変数を含めた2つのケースで DID 推定量が5％水準で有意にマイナスであり，先の仮説を支持する結果となった。それによると，*Cashpoor 3* のケースにおいて，時点効果の有無に関わらず，資金制約のある企業とそれ以外の企業との投資水準の格差は，2005年改革以降において，改革前よりも4.3％ポイント拡大したと解釈することができる。

これらの結果は，当初の予想どおり，限界的投資を新株発行に依存する傾向

**図表4－5　推定結果（1）**

|  | *Cashpoor 1* | | | *Cashpoor 2* | | | *Cashpoor 3* | | |
|---|---|---|---|---|---|---|---|---|---|
| DID 推定量 | 0.035 | 0.022 | 0.022 | −0.014 | −0.020 | −0.020 | −0.034 | −0.043 | −0.043 |
| （標準誤差） | (0.019) | (0.017) | (0.017) | (0.016) | (0.014) | (0.017) | (0.019) | (0.018)* | (0.017)* |
| 個別効果 | あり | あり | あり | あり | あり | あり | あり | あり | あり |
| 時点効果 | あり |  | あり | あり |  | あり | あり |  | あり |
| コントロール変数 |  | あり | あり |  | あり | あり |  | あり | あり |
| 決定係数 | 0.338 | 0.451 | 0.458 | 0.335 | 0.451 | 0.458 | 0.338 | 0.455 | 0.462 |
| 回帰の標準誤差 | 0.090 | 0.082 | 0.081 | 0.090 | 0.081 | 0.081 | 0.090 | 0.081 | 0.081 |
| DW 値 | 1.845 | 1.914 | 1.913 | 1.848 | 1.923 | 1.921 | 1.847 | 1.923 | 1.921 |

（注）　＊は5％水準で有意であることを示す。

84 　　第4章　フィンランドにおける2005年資本所得税改革と法人投資

にあるのは，*Cashpoor 1* のように内部資金の保有水準それ自体が低い企業で
はなく，*Cashpoor 3* のように投資に対して内部資金が相対的に不足し，かつ
負債比率が高い企業であることを示唆している。*Cashpoor 3* の企業は，限界
的投資を新株発行に頼らざるをえないため，2005年にインピュテーション方式
が廃止されたことで資本コストが上昇し，これにより資金制約の小さい企業に
比べて2005年以降に投資をより減少させることになった可能性がある。

　では，*Cashpoor 3* の企業は全体の中でどのような特性をもっているだろう
か。先述のとおり，これらのグループは，現金投資比率が1を下回る33社の中
から，負債比率が全体の上位20％にあたる11社を取り出したものである。これ
ら企業の現金保有比率および現金投資比率は，2000～2002年までの3年間の平
均で，それぞれ0.030，0.380であった。*Cashpoor 2* の企業における同様の指
標がそれぞれ0.037，0.455であることを鑑みれば，われわれは，*Cashpoor 3*
を特定化する過程で，結果的に，現金投資比率の低い（併せて現金保有比率も
低い）企業を抽出していたということになる。つまり，相対的に負債比率の高
い企業は，同時に現金投資比率もいっそう低い傾向にあるといえよう[18]。

　そこで，改めて現金投資比率の下位20％にあたる企業（14社）をトリートメ
ント・グループ（*Cashpoor 4*）として，同様の推計を行ったところ，図表4-6
の結果となった。いずれのケースにおいても，DID 推計量（-0.05）は，先
の *Cashpoor 3* の場合よりも絶対値で高く，また1％水準で有意となっている。

### 図表4-6　推定結果（2）

| | *Cashpoor 4* （現金投資比率下位20％） | | |
|---|---|---|---|
| DID 推定量 | -0.054 | -0.053 | -0.053 |
| （標準誤差） | (0.019)** | (0.017)** | (0.017)** |
| 個別効果 | あり | あり | あり |
| 時点効果 | あり | あり | あり |
| コントロール変数 | | あり | あり |
| 決定係数 | 0.344 | 0.459 | 0.466 |
| 回帰の標準誤差 | 0.089 | 0.081 | 0.081 |
| DW 値 | 1.852 | 1.924 | 1.922 |

（注）　＊＊は1％水準で有意であることを示す。

第4章 フィンランドにおける2005年資本所得税改革と法人投資　　85

図表4－7　資金調達コストと投資決定

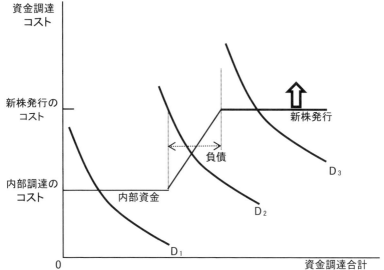

〔出所〕 Fazzari et al.［1988］, p.156を参考に作成。

これら14社の負債比率の平均も，やはり0.342と全体の平均的な水準（平均値0.231，中央値0.226）よりも高い。こうした結果は，「投資機会に対して内部資金が不足するとともに，負債比率が高く，借入制約に直面する企業ほど，新株発行に依存せざるをえず，配当課税によって影響を受ける」というわれわれの仮説を裏付けるものとなった[19]。

　以上の結果は，企業の資本構成に関するペッキング・オーダー理論によって部分的に説明できるかもしれない[20]。それによると，企業経営者は，情報の非対称性のため，資金調達の手段としては内部資金を最優先し，外部資金を調達する場合でもまず借入れを選択し，その上限に達した場合にのみ，やむをえず新株発行を実行することになる。このような各資金調達手段のコストと投資規模との関係を示したのが図表4－7である。

　内部資金の場合には，情報の非対称性から生じるコストや取引コストが生じないので，この中では最も資金調達コストが低い。これに対して，新株発行の場合には，発行手続きなどの取引コストに加えて，企業の価値に関して正確な

86 第4章 フィンランドにおける2005年資本所得税改革と法人投資

情報をもっていない投資家が，当該企業の株式への投資に際して，収益性の悪い企業に投資してしまうリスクをカバーするためのプレミアムを要求するために，これらが追加的なコストとなる。

さらに，負債調達の場合には，債券契約により債権が保全されることや借り手のモニタリングを専門とした金融機関が貸し手になるので，情報の非対称性の問題は新株発行の場合よりも重要ではないとみられる。ただし，負債の規模が大きくなるにつれて，限界的な倒産コストやエージェンシー・コストが増大するので，負債の資金調達コストは，内部調達の水準から出発して，新株発行の水準に達するまで右上がりの線で描かれることになる。

こうして企業は直面する投資需要が拡大するにしたがって，限界的な資金調達手段を内部資金から負債，新株発行へとシフトさせていくわけである。以上のような理論的前提の下で，インピュテーション方式の廃止のような個人配当課税の引上げは，他の条件が一定である限り，Old View が想定するように，新株発行による資金調達コスト（右上方の平行線）を引き上げるので，とりわけ投資の機会をあらわす投資需要曲線が $D_3$ のレベルにあるような企業にとっては，投資水準を引き下げる方向に作用することになったと考えられる。

このように見てくれば，結局，本稿の推計結果から含意されるのは，フィンランド上場法人が限界的な資金調達を株式発行に頼る場合には，当該株式の買い手が，インピュテーション方式の廃止により税負担の増大を被る「国内投資家」となっていることである。同じことであるが，それは，フィンランド法人への限界的な資金供給者が必ずしも海外投資家ではないことを物語っている。

なぜフィンランド法人は海外から自由に資金調達できないのか。その理由としては，たとえば国内投資家と外国投資家との間の情報の非対称性などによって，後者から資金調達を行う場合には前者よりも多くのコストがかかるという意味で，税制以外の要因で両者の資本コストに一定の格差（ホーム・バイアス）が存在することが考えられる[21]。フィンランド上場株式の海外投資家による保有比率は，2002～2005年の4年間の平均で4.3％であったが，この比率は，改革後に配当課税の対象となる個人（15.0％）よりも低い[22]。こうした状

況も，海外投資家によるフィンランド上場株式の保有の多くがあくまでも分散
投資目的であり，フィンランド株式市場には，依然として国内投資家が優位な
ホーム・バイアスが存在することを示唆しているといえよう。

## V．むすび

　本研究では，フィンランド上場法人のミクロ財務データを利用して，2005年
に実施された同国でのインピュテーション方式の廃止が企業の実物投資にどの
ような影響を与えたかについて DID モデルによる分析を試みた。その結果，
その投資水準に照らして資金制約のある企業では，そうでない企業に比べて，
2005年の配当課税の引上げによって投資の水準を減少させた可能性が明らかと
なった。これは，税制改革の直前と直後の影響を除いた，より恒常的な効果を
推定したものであり，配当課税の影響を被るグループを国内個人株主比率の高
い企業として税制改革直後の効果を検証し，配当課税の影響は認められないと
の見解を示した Kari et al.［2009］とは異なる結果である。
　以上の本稿での分析結果は，個人段階での配当課税は，特定の企業の投資行
動に影響を与える可能性があることを示唆している。ここでいう特定の企業と
は，限界的投資を新株発行に頼らざるをえない企業のことであり，配当課税の
増税は，そうした企業の資本コストを引き上げて，それら企業の投資にマイナ
スの影響を与えうる。フィンランドの事例のように，たとえ海外投資家からの
資金調達を行いやすい上場法人といえども，内部留保や借入れによって投資資
金を十分に賄うのが困難な企業にとっては，配当課税は依然として投資の重要
な決定要因となっている可能性がある。もしそうであれば，配当課税が一国の
企業投資に与える影響は，国内の産業がどのようなキャッシュ・ポジションや
資本構成にある企業によって構成されているかによって左右される。したがっ
て，二元的所得税の下での資本所得課税のデザインについても，課税の効率性
の観点からは，国ごとに，そうした企業の資金調達面での異なる特性と資本コ
ストへの影響を考慮して決定すべきであると考えられる[23]。

88 　　　　第4章　フィンランドにおける2005年資本所得税改革と法人投資

　周知のとおり，現在の日本では，とりわけ大企業が膨大な内部資金を蓄えており，これをいかにして設備投資や賃金の引き上げに振り向けるかに政策当局の関心が注がれている。こうした状況下では，投資需要の水準自体が低いことも手伝って，個人配当課税がマクロ投資に与える効果はきわめて限定的であるとみられる。とはいえ，創業間もない中小企業や成長企業については，投資に際して資金制約に直面する可能性が高いことを鑑みれば，特に非上場株式の配当課税のあり方が重要になる。その意味で，日本における配当課税の効果を検証するにあたっても，マクロ的な企業投資との関係だけでなく，個々の企業特性を考慮したミクロレベルでの投資への影響に留意して実証分析が行われる必要がある[24]。

　最後に，本研究に含まれる基本的な問題点として，データ上の制約から，企業の配当支払いを明示的に組み入れた分析を行うことができなかった点を指摘しておく。本来，現実の配当課税と企業投資との関係を十分に説明するためには，配当支払いによる内部資金の変化を把握する必要がある。というのも，2005年の配当課税の強化を受けて，フィンランド上場企業の中には，配当を減らし内部留保を増やすことで投資のための内部資金を蓄積したケースもあると予想されるからである。この点も，配当増税によって新株発行に依存する企業とそうでない企業との間で投資差を拡大させた一因となった可能性があるが，これを見極めるためには，とりわけ資金制約のない企業において，その配当支払いと投資行動との関係が税制改革後にどのように変化したのか明らかにしなければならない。この点は今後の課題である。


＜追記＞本研究は，平成27年度から助成を受けている日本学術振興会科学研究
　　　　費補助金（基盤研究（C）：課題番号15K03523）による研究成果の一
　　　　部である。


## ［注］

1）　7つの要件は以下の通りである。①すべての所得が資本所得と勤労所得のいずれかに分離され

第 4 章　フィンランドにおける2005年資本所得税改革と法人投資　　89

る，②資本所得が法人税率に等しい比例税率が適用されるのに対して，勤労所得は累進税率が適用
される，③資本所得と勤労所得の完全分離課税方式に代えて，両者を法人税率で合算課税し，勤労
所得のみ付加的な累進的個人所得税を適用することもできる，④法人利潤を源泉とする配当への二
重課税は，インピュテーション方式ないし個人段階での非課税により完全に排除される，⑤法人留
保所得への二重課税は，株主段階でのキャピタル・ゲイン課税の調整により排除される，⑥資本所
得への単一課税は，法人段階あるいは所得の支払い段階での源泉課税を通じて実現される，⑦自営
業者や非公開法人の利益は，資本所得の要素と勤労所得の要素に分離して課税される（Cnossen
[2000]，pp.182-183を参照）。

2 ）　ドイツ，フランスをはじめとするヨーロッパ各国の近年におけるインピュテーション方式の撤廃
は，一般的には EU 共通市場の実現という経済グローバル化への税制面での対応の1つであると理
解されている。こうした1990年代以降におけるインピュテーション方式の衰退傾向について，
Keen [2002] は，「法人税と所得税の統合に根本的な欠陥があったのか，あるいは潜在的に有用な
発展がその途上で挫折させられたのか未だ不明である」として評価を留保したのに対して，Graetz
and Wallen [2007] は，「現在のヨーロッパの租税政策は，ヨーロッパ司法裁判所が事実上葬り
去ったインピュテーション方式よりも明らかに劣っている」と消極的に捉えている。

3 ）　スウェーデンが個人段階での負担調整策を採用しないのは，それが小国開放経済における企業投
資の増大に貢献しないという政策当局の見方があったとされる（馬場 [2012]，95頁）。

4 ）　Hietala and Kari [2006] は，2005年改革後における非上場法人の資本コストを推計し，改革後
も依然としてそれが法人オーナーに対する勤労所得税の限界税率に依存して決まることを明らかに
している。他方，Korkeamäki et al. [2010] は，2005年改革前後における企業の配当政策の変化を
分析して，税制変更によって影響を受ける株主の比率の高い企業ほど，2004年に配当をより大きく
増加させ，翌年に減少させたとしている。

5 ）　分析で使用された DID 推計式（上場企業のケース）は以下のとおりである。

$$inv_{it} = a_i + \beta X_{it} + \delta share_i + \eta \, after_t + \gamma \, share * after_{it} + \varepsilon_{it}$$

（$inv_{it}$：企業 i による年度 t の投資，$a_i$：個別効果，$X_{it}$：企業属性ベクトル，$share_i$：国内個人株主
比率ないし同比率が50％超の企業を区別するダミー，$after_t$：2005年以降を区別するダミー，$share$
$*after_{it}$：国内個人株主比率が高い企業が2005年以降に投資を減らしたかどうかを識別する交差
項，$\varepsilon_{it}$：誤差項）

6 ）　IBFD, European Tax Handbook，Tikka [1993]，Ministry of Finance [2001] を参照。

7 ）　その他，稼得所得にかかる地方所得税・教会税・社会保障拠出金を含めると，稼得所得への最高
税率はおよそ54.9％であった（Hietala and Kari [2006]，p.43）。

8 ）　Tikka [1989] を参照。

9 ）　形式的には，同方式の下で，2004年時点で株主は受取配当の29／71を資本所得に合算して課税さ
れたのち，同額の税額控除を受けることができた。

10)　OECD [2003]，p.155および Kari et al. [2008]，p.5を参照。

11)　他方で，同時期に，首相直轄の税制ワーキンググループが，雇用拡大の観点から，低所得者への
勤労所得税を引き下げるべきとの提案を含む別の報告書を発表している（OECD [2003]，p.155）。
したがって，少なくとも2002年末の時点では，Arvela 報告の提案する改革内容が確定的と受け止
められたわけではないと考えられる。

90 第4章 フィンランドにおける2005年資本所得税改革と法人投資

12) 法人税率（26％），資本所得税率（28％）ならびに上場株式配当に対する70％の部分課税方式の提案内容はそのまま，実際の2005年改革に盛り込まれた（Kari et al.［2008］，p.6を参照）。

13) このとき課税扱いとなったのは，個人の他に，金融機関，リミテッド・パートナーシップ，年金基金，持ち株比率10％未満の非上場法人などである。これに対して，ミューチュアル・ファンド，非金融上場法人，政府機関，持ち株比率が10％以上の非上場法人・組合などは改革後も引き続き非課税となった（Korkeamäki et al.［2010］，p.11を参照）。

14) フィンランドのインピュテーション制度に伴う国際課税上の問題点については，Helminen［2001］を参照。

15) 特に各国の租税政策に大きな影響を与えたものとして Manninnen の判例がある（Jacobs and Södersten［2013］，p.2を参照）。これは，フィンランドの個人投資家である Manninnen 氏が，自身が保有するスウェーデン法人株式から支払われる配当に対してインピュテーション・クレジットが適用されないことを不当であるとして，ヨーロッパ司法裁判所（ECJ）に提訴したものである。最終的に，ECJ は「国内法人から支払われる配当にかかる所得税のみを軽減するフィンランド税法は，フィンランドから行われる他の EU 加盟国への投資を抑制し，また，他の加盟国法人にとっては，フィンランドから資金を調達することを困難にさせるため，資本移動の自由を保障する EC 法（EU 法）に違反する」との判断を下した（Case C-319/02 Manninnen［2004］ECR I-7477）。

16) Thomson Reuters［2013］，p.398.

17) 判定の基準とした各変数の基本統計量は以下のとおりである。

|  | 現金保有比率 | 現金投資比率 | 負債比率 |
|---|---|---|---|
| 平均値 | 0.100 | 3.922 | 0.231 |
| 中央値 | 0.062 | 1.100 | 0.226 |
| 最大値 | 0.433 | 110.657 | 0.685 |
| 最小値 | 0.002 | 0.096 | 0.000 |
| 標準偏差 | 0.097 | 13.475 | 0.149 |
| 標本数 | 70 | 70 | 70 |

18) 併せて，*Cashpoor 3* のキャッシュ・フロー比率を計算したところ，2000～2002年の平均値が0.110であった。同比率の全企業についての中央値が0.097であったことから，当該11社はフローの面での資金環境が極端に悪かったわけではなかったと推測される。

19) 改革前後の4年間を含めた12年分の840のデータで同様の分析を行ったところ，*Cashpoor 1 ～ Cashpoor 4* までのほぼすべてのケースで（計12のうち11の推計式について），*Cashpoor 1* のコントロール変数を含まないケースが5％水準で有意であったのを除き，DID 推定量は有意な結果が得られなかった。この点については，Kari et al.［2008］ならびに Kari et al.［2009］が示したように，当該4年間において制度変更に基づく anticipation 効果が強く働いたことが企業による通常の投資決定プロセスを攪乱し，サンプルを拡大したケースでは，そのことがノイズとして作用したのではないかと考えられる。

20) Myers and Majluf［1984］，Fazzari et al.［1988］，國枝［2003］を参照。

21) Mondria and Wu［2010］によると，金融市場が自由化される前の封鎖経済下で蓄積された，国内資産に関する情報は，市場が海外に開放された後も活用され，これにより国内の投資家にとっては，海外資産に比べて国内資産が情報面で有利な投資対象となったという。こうした情報面での国

第4章　フィンランドにおける2005年資本所得税改革と法人投資　　91

内投資の有利性は，開放経済の下での海外資産に関する情報の蓄積が進むにつれてしだいに弱まっていくとされるが，フィンランドで国際資本移動の自由化が完了したのが1993年なので（England and Vihriala [2009]，p.77），2000年代においても依然として国内投資の有利性は継続していたものと考えられる。また，この点に関連して Jakobsson and Korkeamäki [2015] は，フィンランド企業が海外投資家を十分に引き付けられない本源的な要因として，辺境な地理的環境，特異な言語体系，規模の小さな国内金融市場の3つをあげている（同，p.244）。

22)　Korkeamäki et al. [2010]，p.11を参照。その他主要な投資家による保有割合は，同じ4年間の平均で，ミューチュアル・ファンドを除く金融機関：4.1%，政府機関：3.5%，年金基金：2.7%，上場法人：2.3%，ミューチュアル・ファンド：1.7%であった。

23)　このとき，二元的所得税体系下では，配当二重課税の解消によって企業の投資決定や資金調達への中立性が改善されたとしても，これにより配当税と勤労所得税との税率格差が広がることで，小規模企業オーナーの利益処分に対する歪みを増幅させてしまう。個人段階での配当課税を設計するに際しては，一方でそのような所得転換行動に与える歪みとのトレード・オフも考慮しなければならない。この問題に関連して，Harju and T Matikka [2012] は，フィンランド所得税制の下での小規模企業オーナーによる所得転換行動を検証し，それに伴う超過負担の規模を推計している。

24)　日本における配当課税と企業投資との関係を検証した稀有な研究である青柳 [2006] ならびに青柳 [2007] では，上場法人のうち製造業の財務データを利用した分析により，配当減税が法人投資に影響を与えないとの結果が得られている。

## [参考文献]

Alstadsæter, A., M. Jacob and R. Michaely [2014], "Do Dividend Taxes Affect Corporate Investment?," *CESifo Working Ppaper* No. 4931.

Becker, B., Marcus Jacob and Martin Jacob [2013], "Payout Taxes and the Allocation of Investment," *Journal of Financial Economics* 107(1), pp.1-24.

Black, E., J. Legoria and K. Sellers [2000], "Capital Investment Effects of Dividend Imputation," *The Journal of the American Taxation Association* 22(2), pp.40-59.

Brav, A., J. Graham, C. Harvey and R. Michaely [2005], "Payout policy and 21st century," *Journal of Financial Economics* 77, pp.483-527.

Cnossen, S. [2000], "Taxing capital income in the Nordic countries : a model for the European Union?," in S. Cnossen ed. *Taxing Capital Income in the European Union : Issues and Options for Reform*, Oxford University Press, pp.180-213.

Desai, M and A. Goolsbee [2004], "Dividend taxes and international portfolio choice," *Review of Economics and Statistics* 93(1), p.266-284.

England, P. and V. Vihriala [2009], "Financial crisis in Finland and Sweden : Similar but not quite the same," in Jonung, L., J. Kiander and P. Vartia ed. *The Great*

92    第4章　フィンランドにおける2005年資本所得税改革と法人投資

*Financial Crisis in Finland and Sweden ― The Nordic Experience of Financial Liberalization*, Edward Elgar.

Fazzari, S., G. Hubbard and B. Petersen [1988], "Financing Constraints and Corporate Investment," *Brookings Papers on Economic Activities* 1988(1), pp.141-195.

Frank, M., R. Singh and T. Wang [2012], "The Effect of Dividend Taxation on Corporate Investment : Old Debate, New Evidence," Working Paper. (http://www.tc.umn.edu/~wangx684/assets/documents/research/Effect-of-Dividend-Taxation-on-Corporate-Investment.pdf).

Graetz, M. and A.Wallen, Jr. [2007], "Dividend Taxation in Europe : When the ECJ Makes Tax Policy," *Common Market Law Review* 44(6), pp.1577-1623.

Harju, J. and T. Matikka [2012], "Entrepreneurs and income-shifting : Empirical evidence from Finnish tax reform," *VATT Working Papers* 43/2012.

HE92 [2004], *Hallituksen esitys Eduskunnalle yritys- ja pääomaverouudistukseksi* (Gorvernment Bill to Parliament in corporate and capital tax reform).

Helminen, M. [2001], "Finland's Imputation System under the Pressure of Globalization," *IBFD Bulletin 55*(1), pp.17-21.

Hietala, H. and S. Kari [2006], "Investment Incentive in Closely Held Corporations and Finland's 2005 Tax Reform," *Finnish Economic Papers*, 19(2), pp.41-57.

International Bureau of Fiscal Documentation, *European Tax Handbook*, edition of annual year.

Jacob, M. and J. Södersten [2013], "Mitigating shareholders taxation in small open economies," *Finnish Economic Papers* 26(1), pp.1-34.

Jakobsson, U. and T. Korkeamäki [2015], "Ownership and corporate governance in Finland : A review of development trends," *Nordic Journal of Business* 64(4), pp.232-248.

Jugurnatha, B, M. Stewart and R. Brooks [2008], "Dividend taxation and corporate investment : a comparative study between the classical system and imputation system of dividend taxation in the United States and Australia," *Review of Quantitative Finance and Accounting* 31 (2), pp.209-224.

Kari, S., H. Karikallio and J. Pirttila [2008], "Anticipating Tax Changes : Evidence from the Finnish Corporate Income Tax Reform of 2005," *Fiscal Studies* 29(2), pp.167-196.

Kari, S., H. Karikallio and J. Pirttila [2009], "The Impact of Dividend Taxation on

第 4 章 フィンランドにおける2005年資本所得税改革と法人投資　　93

Dividends and Investment : New Evidence Based on a Natural Experiment,"
*CESifo Working Paper* No. 2756.

Keen, M. [2002], "The German Tax Reform 2000," *International Tax and Public Finance* 9(5), pp.603-621.

Korinek, A. and J. Stiglitz [2009], "Dividend taxation and intertemporal tax arbitrage," *Journal of Public Economics* 93, pp.142-159.

Korkeamäki, T., E. Liljeblom and D. Pasternack [2010], "Tax reform and payout policy : Do shareholder clienteles or payout policy adjust?," *Journal of Corporate Finance* 16(4), pp.572-587.

Ministry of Finance [2001], *Taxation in Finland*, Edita Plc.

Mondria, J. and T. Wu [2010], "The puzzling evolution of the home bias, information processing and financial openness," *Journal of Economic Dynamics and Control* 34, pp.875-896.

Myers, S. and N. Majluf [1984], "Corporate financing and investment decisions when firms have information that investors do not have," *Journal of Financial Economics* 13(2), pp.187-221.

Nomura, H. [2013], "Nordic Dual Income Tax : A Review of Rational and Issues," 『獨協経済』, 第93号, pp.45-56.

OECD [2003], *OECD Economic Surveys : Finland* 2003.

Sørensen, P. [1998], *Tax Policy in the Nordic Countries*, Macmillan Press (馬場義久監訳『北欧諸国の租税政策』日本証券経済研究所, 2001年).

Sørensen, P. [2010], *Swedish Tax Policy : Recent Trends and Future Challenges*, Report to the Expert Group on Public Economics, Ministry of Finance.

Thomson Reuters [2013], *Worldscope Database - Data Definitions Guide (Issue 14.2)*.

Tikka, K. [1989], "Business Tax Reform in Finland," *European Taxation* 29 April, pp.107-112.

Tikka, K. [1993], "A 25 Percent Flat Rate Tax on Capital Income : The Finnish Reaction to International Competition," in Nordic Council for Tax Research, *Tax Reform in the Nordic Countries, 1973-1993* Jubilee Publication, pp.91-108.

青柳龍司 [2006], 「企業の資金調達と New View の検証」証券経済研究編『企業行動の展開新展開と税制』, 日本証券経済研究所, 1-25頁。

青柳龍司 [2007], 「配当課税と New View の検証」『証券経済研究』, 157-167頁。

94 第4章 フィンランドにおける2005年資本所得税改革と法人投資

井上智弘・山田直夫［2014］,「ベルギー法人税制における NID 導入の効果」『会計検
　　査研究』No. 49, 11-28頁。

大野裕之・林田実［2012］,『株式税制の計量経済分析』,勁草書房。

國枝繁樹［2003］,「コーポレート・ファイナンスと税制」財務省財務総合政策研究
　　所『フィナンシャル・レビュー』December-2003, 4-45頁。

國枝繁樹・布袋正樹［2009］,「日本企業の配当政策と税制」一橋大学経済学研究科
　　Discussion Paper No. 2009-7.

篠原正博［2012］,「ニュージーランドの資本所得課税改革」証券税制研究会編『証
　　券税制改革の論点』,日本証券経済研究所,131-183頁。

鈴木将覚［2014］,『グローバル経済下の法人税改革』,京都大学学術出版会。

鶴田廣巳［2006］,「ドイツにおける法人税改革とインテグレーション」『関西大学商
　　学論集』第51巻,第1・2・3合併号,153-168頁。

野村容康［2005］,「北欧三国における資本所得税制と最近の動向」『月刊資本市場』
　　No. 234, 資本市場研究会,41-54頁。

野村容康［2014］,「フィンランド二元的所得税の再分配効果」証券税制研究会編『金
　　融税制と租税体系』,日本証券経済研究所,67-98頁。

馬場義久［1998］,『所得課税の理論と政策』,税務経理協会。

馬場義久［2012］,「スウェーデンの法人源泉所得課税政策」証券税制研究会編『証
　　券税制改革の論点』,日本証券経済研究所,88-130頁。

# 第5章　税制改革と株式市場のボラティリティ
——軽減税率廃止の株式投資リスクへの影響——


大　野　裕　之


## I．はじめに：平成不況と証券税制改革

　1990年のバブル崩壊後，十数年の月日を経て，ようやく2003年4月を境に株式市場は回復軌道に乗った。図表5-1に示すように，2003年4月に7,800円台まで落ち込んだ日経平均株価は，2007年6月には18,000円台にまで回復した。政府はこの間，財政出動やゼロ金利政策，金融機関への公的資金投入等のマクロ経済政策のほか，日本版ビッグバンをはじめとした，種々の規制緩和などの対策を金融市場に対して講じてきた。その中でも，株式投資を中心とした金融取引に関連する税制改革は特筆に値する。かねがね取引コストを高め，東京市場の国際競争力を弱めると批判されてきた有価証券取引税は，1996年4月，1998年4月の2度の税率引き下げを経て，1999年4月には完全廃止に至っている。また，2003年4月に施行された「新証券税制」は，譲渡益，配当所得の両者に亘って制度を簡素化するとともに，税率を10％に引き下げる「軽減税率」を導入している。日経平均株価は，期せずしてその直後から上昇に転じた。しかし，2008年秋のリーマンショック，2009年10月から2010年初頭にかけてのギリシャ債務危機など世界市場の混乱を受けて，我が国の株式市場は再び低迷したことは，まだ記憶に新しい。2009年10月に再び終値で10,000円台を割った日経平均株価は，その後，4年以上の間10,000円近辺で推移する。この状況は，2012年12月の総選挙で，大規模金融緩和を柱の一つとする経済政策を掲げて安倍内閣が成立するまで続いた。

## 図表5－1　日経株価の推移（2000年～2014年）

(注)　日経平均株価月次の終値

　「新証券税制」で適用された軽減税率は，もともと時限的なものであった。すなわち，当初は，配当課税は平成20年3月，株式譲渡益課税は平成19年12月を以て廃止とし，税率をともに本則の20％に戻すこととなっていた[1]。しかしながら，前述のように株式市場の低迷が続く中，政府・税務当局は負のインパクトを図りかねて，軽減税率の廃止を決断できずに，延長を繰り返す。平成19年度税制改革では期限をそれぞれ1年間延長し，平成21年度改正で両税とも平成23年末まで延長，期限を迎える平成23年度改正では，期限をさらに2年延長した。しかし，安倍政権のもとでの大規模金融緩和に後押しされる形で株価が回復する中，このように延長に延長を重ねてきた配当課税と上場株式等譲渡益の軽減税率はともに，少額投資非課税制度（NISA）の導入と引き換えに，ついに平成25年末を以て廃止された[2]。こうして，平成26年1月1日より，税率は本則の20％に戻された。

　こうした過去の経緯はどうであれ，投資家にとってこの措置は，実質的に増税に違いない。この「増税」が株式投資にいかなる影響を与えたのか，これを実証的に明らかにするのが，本章の目的である。特に，本書のテーマが「リス

ク」であることから，株式投資のリスクを代表する，株価のボラティリティに焦点を当てる。株式投資の魅力はその収益性にある。収益率が高ければ人々は魅力を感じ，投資を進めるだろう。しかし，一方で，株式投資には危険性が伴う。すなわち，そうした収益率が不安定であれば，結果的に高い収益が得られないばかりか，元本割れにすら陥る可能性もある。そうした意味で，収益率の安定性，つまりボラティリティが税制によってどのような影響を受けるのかを明らかにすることは，株式市場の発展にかかわり，「貯蓄から投資へ」を進めるための政策論的にたいへん重要なテーマである。さらに昨今は，株式市場のみならず金融市場全般に不安定性が高まっているとの指摘があるなか，さまざまな税制が考案されていることから，その重要性はますます高まっているといえよう[3]。

いうまでもなく，税制改革にあたっては，税率などの変更が，株式市場にどのような影響を与えるかを十分に検証することが重要である[4]。しかしながら，特に株価の変動性，ボラティリティを直接に対象とした研究は，海外においても意外に少ない[5]。そこで，Hayashida and Ono ［2016］では「新証券税制」が株価収益率のボラティリティに与えた影響を実証的に分析した。本章では同研究を念頭に，株式を需要する投資家の視点にたって，配当課税が株価の安定性に如何に影響を与えるかを分析する。実証分析の枠組みには，Hayashida and Ono ［2016］に倣って，ファイナンスの分野で広く使われる GARCH 型モデルを用いる。

本章の構成は以下のとおりである。第Ⅱ節では，投資家の株式需要の観点から，課税と株式投資リスクの問題にアプローチする重要な理論的枠組みを提供する Song and Zhang ［2005］を紹介する。第Ⅲ節では，実証分析に用いる推計モデルと具体的な定式化，およびデータについて説明する。第Ⅳ節では実証分析の結果を報告し，その解釈を述べる。第Ⅴ節は本章のまとめである。

## Ⅱ. Song and Zhang［2005］による理論的整理

投資家の株式需要の観点から，課税と株価の安定性の問題を考える理論的枠組みを与える研究にSong and Zhang［2005］がある。この研究は，もともとは株式取引税（以下では，税率を $\tau$ で表す）と株価のボラティリティをテーマとした研究であるが，これを配当課税（税率を $\tau_d$ で表す）や譲渡益課税（税率を $\tau_{cg}$ で表す）に応用することが可能であり，後の実証分析の結果を解釈する上で有益である。そこで，彼らのモデルを詳しく見てみたい。

### 1．基本設定：取引税率とボラティリティ

市場には2タイプの投資家—合理的トレーダーとノイズトレーダー—が，ともに，それぞれの期待効用を最大化するよう，2つの資産—安全資産と危険資産—に投資する。この場合，危険資産が株式にあたる。全投資家に占めるノイズトレーダーの割合を $\mu$ として，両トレーダーの効用を最大化すると，$\mu$ と株価ボラティリティ $V$ との間に，以下のような，非線形の関係を導くことができる。

$$\mu^2 \sigma_p^2 = (1 - \tau_{cg} + r)^2 (1 + \tau)^2 V - 4\gamma^2 \sigma_\theta^2 \{(1 - \tau_{cg})^2 V + (1 - \tau_d)^2 \sigma_\varepsilon^2\}^2 。 \qquad (1)^{6)}$$

ここで $\sigma_p^2$，$\sigma_\theta^2$，および $\sigma_\varepsilon^2$ は，それぞれ，ノイズトレーダーの株式の予想価格の分散，株式の純供給量の分散，そして配当額の分散を表している。ここで重要なのは，ノイズトレーダーは自身が特殊な情報を有していると過信しているため，彼または彼女の株式予想価格は，ファンダメンタルズに基づく合理的な価格とはかい離していることである。また，$r$ および $\gamma$ は，それぞれ，安全資産の定額の実質利子率と投資家の危険回避度を表す。上の（1）式をグラフで表すと，図表5-2の逆U字型のXE曲線のようになる[7]。

このXE曲線は，ノイズトレーダーの参入インセンティヴを表す直線NEと交差する。このNE直線は，ノイズトレーダーと合理的トレーダーの2つの資産からの合計収益の過剰価値から導かれている。この数式表現は以下のとおりである。

**図表 5-2　取引税と均衡の変化**

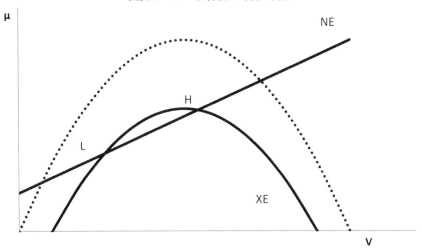

$$\mu = \frac{2\rho^* \gamma}{\rho^{*2} + \sigma_\rho^2} \{(1-\tau_{cg})^2 V + (1-\tau_d)^2 \sigma_\varepsilon^2\}。 \qquad (2)^{8)}$$

$\rho^*$ はノイズトレーダーの予想株価の平均である。非線形曲線と直線の2つの交点が，2つの均衡解を示している。すなわち，株価ボラティリティが低く，ノイズトレーダーの割合も低い「低均衡」（図表5-2および3ではLで表す）と，株価ボラティリティが高く，ノイズトレーダーの割合も高い「高均衡」（図表5-2および3ではHで表す）である。

## 2．株式取引税の影響

Song and Zhang [2005] はここで，取引税率 $\tau$ が上昇すると，非線形曲線XEが上にシフトする（点線で表す）とした。何故なら，$V$ を所与とすると，高い $\mu$ は上の（1）式からは，高い $\tau$ に対応するからである。そのため，高均衡にある市場では，取引税率が引き上げられると，より高い株価ボラティリティとノイズトレーダー割合に至るとする。

Hayashida and Ono [2016] は，TOPIX のデータを用いて，1999年4月の有価証券取引税の廃止の，収益率ボラティリティへの影響を検証し，廃止はボ

ラティリティを押し下げたと結論付けている。この結果を Song and Zhang [2005] のモデルで解釈するなら，東京市場は高均衡にあったことになる。

## 3．配当課税，譲渡益課税への拡張

ここで，配当課税の税率引上げを考えてみよう。これも，（1）式を吟味してみると，取引税と同様，図表5-3のように，曲線 XE を上方にシフトさせることがわかる。一方，（2）式で表される NE 直線は下方にシフトする。その結果，新たな高均衡は水平方向では右に移る。一方，垂直方向では上下どちらに移動するかは判別できない。

譲渡益税の効果はさらに複雑になる。$\tau_{cg}$ を上昇させると，NE 直線の傾きが小さくなる。曲線 XE のシフトに至っては，上下どちらにシフトするか判別できない。そのため，譲渡益課税については，高均衡にあった市場で，税率アップが株価ボラティリティを上げるか，下げるか不明である。

Hayashida and Ono [2016] では，軽減税率を導入した2003年の「新証券税制」も対象に分析している。そこで得られた結果は，2003年4月の配当課税の変更は収益率ボラティリティを下げるはたらきをしたというものであり，高均

**図表5-3　配当課税と均衡の変化**

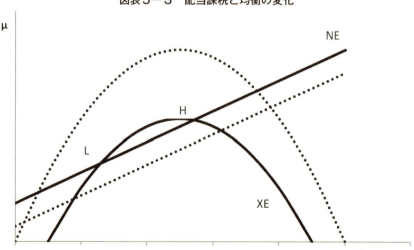

衡点からの上記結論と整合的である。一方，その3か月前の2003年1月に施行された譲渡益課税の軽減税率は，ボラティリィティには影響を与えなかったと結論づけている。こうした結果を念頭に，次節以降で実証分析を展開する。

# Ⅲ．GRCH 型モデルによる実証分析

## （1） GARCH 型モデル

① GARCH モデル

さて，こうしたモデルを念頭に，実証分析に進みたい。本章では，近年ファイナンス分野で広く使われるようになっている GARCH（Generalized Autoregressive Constant Heteroscedasticity）型モデルを用いる。かつてよく行われてきた研究では，観測されたデータから算出された分散や標準偏差をそのまま用いるものが多かったが，そこでは株価収益率 $R_t$ が一定期間変わらないことが前提とされ，そのため，その分散も不変であると仮定されている。しかしながら，実際の収益率は，極めて高い状態が続いたあと，低い状態が暫く続くというようなことがしばしば観測される。これは，算出された分散についても然りである。GARCH 型モデルは，こうした株式市場の性向を取り入れるよう考案された。GARCH 型モデルを説明する文献は多数存在するが，本章の完備性の視点から，少し紙面を割いて，以下にこのモデルの説明を行いたい。

時刻 $t-1$ までの情報を条件として，時刻 $t$ の収益率の平均 $R_t$ はもはや一定ではなく，変動するものと仮定する。そうすると，$R_t$ は時点 $t-1$ で予測可能な部分 $E_{t-1}(R_t)$ と，予測不可能なショック $\varepsilon_t$ に，以下のように分けられる。

$$R_t = E_{t-1}(R_t) + \varepsilon_t$$

この式を平均式（mean equation）と称する。このひとつの例が，以下のように，$R_t$ を自己回帰型で表したものである。

$$R_t = a + \Sigma_{i=1}^{p} b_i R_{i-p} + \varepsilon_t$$

予測不可能なショック $\varepsilon_t$ は以下のように表される。

$$\varepsilon_t = \sigma_t z_t,$$

$$\sigma_t > 0,$$
$$z_t \sim i.i.d.(0,1)。$$

ここで，$\sigma_t$ は常に正の値をとるものと仮定されている。$\sigma_t^2$ は時点 $t$ における $R_t$ のボラティリティである。これは時刻 $t$ で異なった値をとりうることに注意ありたい。

さらに，観測された分散はひとたび高くなると暫く高い状態が続き，逆に低くなると低い状態が続くことが知られている。この現象をボラティリティ・クラスタリングとよぶ。そこでこれを取り入れる必要があり，ARCH(p) モデルが誕生した（Engle [1982]）。ここでは，ショックの長く続く影響が，モデルに以下のように反映されている。

$$\sigma_t^2 = \omega + \Sigma_{i=1}^q a_i \varepsilon_{t-i}^2$$

これを分散式（variance equation）とよぶ。Bollerslev [1986] はこの分散式を一般化して，GARCH (p,q) モデルを考案した。

$$\sigma_t^2 = \omega + \Sigma_{j=1}^p \beta_j \sigma_{t-j}^2 + \Sigma_{i=1}^q a_i \varepsilon_{t-i}^2$$

ここで，ボラティリティは非負であり，制約条件 $\omega > 0$，$a_i > 0$，$\beta_i > 0$ が当てはまる。

② 非対称性モデル：EGARCH と TARCH

さらに，悪いニュースは株価を押し下げるが，よいニュースが株価を押し上げるより，大きな影響を持っていることも，よく知られた観測事実である。これをレヴァレッジ効果とよぶ。そこで，GARCH 型モデルの範疇で，この非対称性をとりこんだ，いくつかの拡張が提案されている。そのひとつが，Exponential GARCH モデル（以下 EGARCH モデルとよぶ）とよばれる，Nelson [1991] によって提案されたモデルである。EGARCH (p, q) モデルがボラティリティの対数を左辺にとり，下のように定式化する。

$$log(\sigma_t^2) = \omega + \Sigma_{j=1}^p \beta_j log(\sigma_{t-j}^2) + \Sigma_{i=1}^q a_i \{|z_{t-i}| - E(|z_{t-i}|)\} + \Sigma_{l=1}^m \gamma_l z_{t-l}$$

ここで，$z_{t-1} = \dfrac{\varepsilon_{t-1}}{\sigma_{t-1}}$ であり，$\gamma$ は非対称性を表すパラメーターである。最も単純な EGARCH (1,1)（かつ m = 1）モデルは次のように表される。

$$log(\sigma_t^2) = \omega + \beta_1 log(\sigma_{t-1}^2) + a_1 \{|z_{t-1}| - E(|z_{t-1}|)\} + \gamma_1 z_{t-1},$$

ここで，もし $z_{t-1} \geqq 0$ であるならば，

$$log(\sigma_t^2) = \omega + \beta_1 log(\sigma_{t-1}^2) + \gamma_1 z_{t-1} + (a_1 + \gamma_1)|z_{t-1}| - a_1 E(|z_{t-1}|),$$

となり，反対に $z_{t-1} < 0$ なら，以下のようになる。

$$log(\sigma_t^2) = \omega + \beta_1 log(\sigma_{t-1}^2) + \gamma_1 z_{t-1} + (a_1 - \gamma_1)|z_{t-1}| - a_1 E(|z_{t-1}|)。$$

したがって，$\gamma_1 < 0$ が非対称性，すなわちレヴァレッジ効果の存在を含意する。

　この EGARCH モデルの他に，Threshold GARCH モデル（以下 TARCH モデルと称する）もしくは GJR モデル[9]とよばれる非対称性モデルが考案されている。これは以下のように定式化される。

$$\sigma_t^2 = \omega + \sum_{j=1}^{p} \beta_j \sigma_{t-j}^2 + \sum_{i=1}^{q} a_i \varepsilon_{t-i}^2 + \sum_{l=1}^{r} \gamma_l \varepsilon_{t-l}^2 I_{t-l}$$

ここで，$\gamma_1 < 0$ ならば $I_t = 1$ であることに注意ありたい。レヴァレッジ効果の存在には，$\gamma_l > 0$ が期待される。

　以下の実証分析では，これら3つのモデルが併用される。


## （2）　実証分析の詳細とデータ

　株価収益率のボラティリティは，いわゆる曜日効果をもつとしばしば指摘される。曜日効果とは，例えば週末を挟んだ月曜日は株価に影響を与える情報が詰まった状態で市場が開くので，他の曜日よりもボラティリティが高くなるなど，曜日特有の効果があるということを指す。この可能性をつかむため，以下の分析では，下に示すような曜日ダミー変数を取り入れる。

$$WD_t^k = \begin{cases} 1 & t \text{ が週の第 } k \text{ 番目の日に当たる場合} \\ 0 & \text{それ以外} \end{cases} , \quad k = 1, 2, \ldots 4$$

ここで，$k=1$ は月曜日を表し，2～4 はそれぞれ火，水，木曜を表す。金曜日がレファレンスとなる。以下の分析では，この曜日ダミーを入れたもの，入れないものの両者を試みる。次に，分散式には説明変数として取引高（枚数）を加える。これは，Karpoff [1987] などが示すように，取引高と収益率ボラティリティの間には高い相関があることが知られているからである。焦点の税制改正の影響に関しては，以下のように，改正前には 0 を改正後には 1 をとる，「税制改正ダミー」を用意する。

$$D_t = \begin{cases} 0 & t \leq t_0 \text{場合} \\ 1 & \text{それ以外} \end{cases}$$

軽減税率の廃止は2013年12月31日であるから，その日が$t_0$となる。

　以上の詳細を改めて，各モデルで示そう。まず，標準的な GARCH モデルでは，

$$\sigma_t^2 = \omega + \Sigma_{j=1}^p \beta_j \sigma_{t-j}^2 + \Sigma_{i=1}^q a_i \varepsilon_{t-i}^2 + \Sigma_{s=1}^2 \delta_s D_t^s + \Sigma_{k=1}^4 \theta_k WD_t^k + \lambda TV_t$$

となる。次に，非対称性モデルの EGARCH モデルで示すと，以下のようになる。

$$log(\sigma_t^2) = \omega + \Sigma_{j=1}^p \beta_j log(\sigma_{t-j}^2) + \Sigma_{i=1}^q a_i \{|z_{t-i}| - E(|z_{t-i}|)\} + \gamma z_{t-1} + \delta D_t + \lambda TV$$
$$+ \pi D_t TV + \Sigma_{k=1}^4 WD_t^k$$

最後に，同じく非対称性モデルの TARCH モデルでは，

$$\sigma_t^2 = \omega + \Sigma_{j=1}^p \beta_j \sigma_{t-j}^2 + \Sigma_{i=1}^q a_i \varepsilon_{t-i}^2 + \Sigma_{l=1}^r \gamma_l \varepsilon_{t-l}^2 I_{t-l} + \Sigma_{s=1}^2 \delta_s D_t^s + \Sigma_{k=1}^4 \theta_k WD_t^k + \lambda TV$$

と表される。先述のように，以下の分析では，いずれのモデルにおいても，$\theta_1$から$\theta_4$まですべてを0とする制約をおいた曜日効果なしバージョンと，その制約を置かない曜日効果ありバージョンの2つの定式化を試みる。それぞれ，定式化Ⅰ，Ⅱとよぼう。

　必要なデータは日次の株価と取引高である[10]。収益率は終値の対数階差として算出した。図表5－4は，税制改革の前後2年，すなわち，平成23年1月から平成24年12月までの，収益率の記述統計である。単純な標準偏差で見てみると，軽減税率廃止前は0.015063であったが，廃止後には0.01192にまで低下している。図表5－5は，同じ期間の株価収益率をグラフで表現したものである。目測でも，確かに収益率の変動性は低下しているように見える。こうした単純な観測が，GARCH 型モデルで確認されるか吟味するのが次節の分析である。

　分散式に説明変数として加える取引高の記述統計を示したのが，図表5－6である。平均値は前後で3,126百万株からへ2,251百万株へと低下している。図表5－7のグラフによっても，税制改革後に取引高が低下していることが確認される。

第5章 税制改革と株式市場のボラティリティ

### 図表5－4　株価（TOPIX）収益率の記述統計
（a）全期間：平成25年1月〜平成26年12月

| 平　均 | 0.000943 | 最小値 | －0.071196 |
|---|---|---|---|
| 中位値 | 0.001120 | 標準偏差 | 0.013584 |
| 最大値 | 0.050746 | 観測数 | 489 |

（b）税制改正前：平成25年1月〜平成25年12月

| 平　均 | 0.001567 | 最小値 | －0.071196 |
|---|---|---|---|
| 中位値 | 0.001178 | 標準偏差 | 0.015063 |
| 最大値 | 0.050746 | 観測数 | 245 |

（c）税制改正後：平成26年1月〜平成26年12月

| 平　均 | 0.000318 | 最小値 | －0.048862 |
|---|---|---|---|
| 中位値 | 0.000771 | 標準偏差 | 0.011922 |
| 最大値 | 0.041912 | 観測数 | 244 |

（注）　収益率は価格の対数階差として算出している。

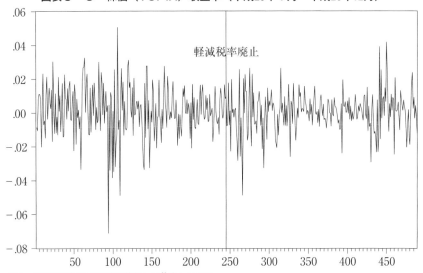

### 図表5－5　株価（TOPIX）収益率（平成25年1月〜平成26年12月）

（注）　収益率は価格の対数階差として算出している。

第5章　税制改革と株式市場のボラティリティ

**図表5－6　取引高の記述統計（単位：千株）**

（a）全期間：平成25年1月〜平成26年12月

| 平　均 | 2,689,883 | 最小値 | 445,344 |
|---|---|---|---|
| 中位値 | 2,453,240 | 標準偏差 | 903,582.1 |
| 最大値 | 7,655,140 | 観測数 | 489 |

（b）税制改正前：平成25年1月〜平成25年12月

| 平　均 | 3,125,983 | 最小値 | 445,344 |
|---|---|---|---|
| 中位値 | 2,876,700 | 標準偏差 | 1,003,976 |
| 最大値 | 7,655,140 | 観測数 | 245 |

（c）税制改正後：平成26年1月〜平成26年12月

| 平　均 | 2,251,997 | 最小値 | 1,235,400 |
|---|---|---|---|
| 中位値 | 2,123,480 | 標準偏差 | 493,196.2 |
| 最大値 | 5,208,980 | 観測数 | 244 |

（注）　収益率は価格の対数階差として算出している。

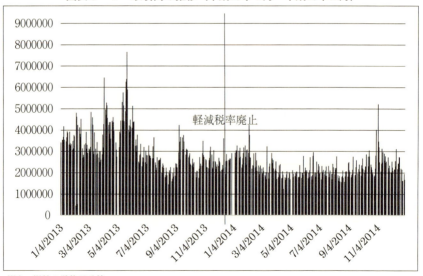

図表5－7　取引高の推移（平成25年1月〜平成26年12月）

（注）　縦軸の単位は千株

第5章　税制改革と株式市場のボラティリティ　　　　107

# Ⅳ．分析結果とその解釈

## （1）　分析結果

　GARCH，EGARCH，TARCH の分析結果は，図表5-8のとおりである。まず，最も単純な，標準的なモデルである GARCH の，曜日効果を入れていない定式化Ⅰを見てみよう。取引高は分散に，有意に正の影響を与えている。つまり，取引高が増えれば，収益率の分散も上昇するということであり，Karpoff［1987］を始めとした多くの先行研究で得られている結果である。特長的なことは，π，すなわち D と TV の交差項の係数の推定値が，5％水準で有意に正となっていることである。軽減税率廃止後，ボラティリティと取引高の反応度が強まったことを示唆する。焦点の税制変更ダミーD の係数δの推定値は，符号は負で10％水準ながら有意である。取引高の変化を介さない，純粋な税制変更の効果は，ボラティリィを引き下げたことを示唆している。これに曜日効果を加えた定式化Ⅱでは，曜日ダミーがいずれも非有意となっている。

### 図表5-8　推計結果

| 定式化 | | GARCH | | EGARCH | | TARCH | |
|---|---|---|---|---|---|---|---|
| | | Ⅰ | Ⅱ | Ⅰ | Ⅱ | Ⅰ | Ⅱ |
| 平均式 | a | $0.001181^{**}$ | $0.000965^{**}$ | 0.000633 | 0.000589 | $0.000944^{**}$ | 0.000798 |
| | b | 0.027126 | 0.022379 | 0.048519 | 0.057005 | 0.028722 | 0.043789 |
| Variance equation | $\omega$ (constant) | $-1.30E-05$ | $-1.30E-05$ | $-1.005829^{***}$ | $-0.985799^{***}$ | $-2.20E-05$ | $-1.27E-05$ |
| | $\gamma$ (asymmetry parameter) | | | $-0.238823^{***}$ | $-0.242687^{***}$ | $0.207804^{**}$ | $0.224228^{***}$ |
| | $\delta$ (D) | $-3.31E-5^{*}$ | $-3.16E-6^{**}$ | $-0.281498^{***}$ | $-0.346443^{***}$ | $-2.42E-05^{**}$ | $0.012825^{**}$ |
| | $\lambda$ (TV) | $0.008208^{**}$ | $0.007793^{***}$ | $81.22441^{***}$ | $83.75934^{***}$ | $0.011224^{***}$ | $0.012558^{***}$ |
| | $\pi$ (D*TV) | $0.016133^{**}$ | $0.015310^{***}$ | $126.6448^{***}$ | $151.7256^{***}$ | $0.012884^{***}$ | $0.012825^{**}$ |
| | $\theta_1$ (Monday) | | $1.50E-5$ | | 0.01764 | | $9.80E-05$ |
| | $\theta_2$ (Tuesday) | | $-3.06E-5$ | | $-0.522052^{**}$ | | $-4.13E-05^{*}$ |
| | $\theta_3$ (Wednesday) | | $-1.44E-5$ | | 0.12288 | | $-1.04E-05$ |
| | $\theta_4$ (Thursday) | | $2.66E-5$ | | 0.00026 | | $-7.26E-06$ |
| Adj.r-sqrd | | $-0.002813$ | $-0.002309$ | $-0.004292$ | $-0.005207$ | $-0.002557$ | $-0.003558$ |
| t-distribution d.f. | | 11.58245 | 15.23329 | 13.61426 | 20.88972 | 13.09655 | 16.65378 |
| AIC | | $-5.940968$ | $-5.939243$ | $-6.011327$ | $-6.010304$ | $-5.994353$ | $-5.98872$ |

（注）　*，**，***は係数推定値がそれぞれ，10％，5％，1％の有意水準で有意であることを示す。

108　　　　　　　第5章　税制改革と株式市場のボラティリティ

それ以外は定式化Ⅰと変わらないが，$\delta$の係数推定値は5%水準で有意に転じている。

　レヴァレッジ効果を取り入れた非対称モデルではどうであろうか。まず，EGARCHモデルをみると，定式化Ⅰ，Ⅱともに$\gamma$は，符号は負で，1%水準で有意である。よってレヴァレッジ効果の存在を示唆している。その他の傾向は，GARCHモデルとほぼ同じといってよい。唯一，定式化Ⅱで曜日効果のうち火曜日ダミーが5%水準で有意に負となっている。レファレンスである金曜日に比べて，火曜日はボラティリティが低くなる傾向にあることを示唆する。次にTARCHモデルを見てみよう。ここでは，非対称性パラメーター$\gamma$には正の符号が期待されるが，得られた推計値は定式化Ⅰ，Ⅱともに，はたして符号は正，1%水準で有意となっている。そのほかは，火曜日ダミーが有意に負であることも含めて，同じ非対称性モデルであるEGARCHの結果と同じ傾向を示している。

　以上6つのモデルを横断的に総括すると，ボラティリィティと取引高の正の相関は今回の結果でも確認される，その反応度は軽減税率廃止後に強まっている。それを介した影響を除いた税制変更の効果は，ボラティリィティを引き下げている。非対称性モデルでは，レヴァレッジ効果の存在が強く示唆され，曜日効果は非対称性モデルにおいて，火曜日のみ負の影響をボラティリティに及ぼすという弱い証拠が得られた。

### （2）　解　釈

　上記の結果から，まず言えることは，標準偏差やグラフによる目測と整合的に，軽減税率廃止後に，収益率ボラティリティは確かに低下したということである。これには，2つ「経路」が考えられる。ひとつは，取引高の縮減による低下である。図表5－8の結果は，どのモデルのいずれの定式化においても，取引高の係数推定値は有意に正の符号をとっているばかりか，軽減税率廃止後には反応の度合いを高めている。前節で，当該分析期間における取引高の記述統計量とそのグラフで，軽減税率廃止後に取引高が低下したことが示唆されて

第5章　税制改革と株式市場のボラティリティ　　　109

いたことを想起ありたい。念のため，取引高を目的変数にした自己回帰モデル
を組んで，軽減税率廃止の前後で0と1をとるダミー変数を説明変数に加えた
回帰分析を行った。その結果が，下の図表5－9である[11]。係数推定値は有意
に負となっていることから，取引高は縮減したと考えてよいだろう。このこと
は，軽減税率廃止が，配当課税であれ譲渡益課税であれ増税にあたることか
ら，株式投資の魅力を低下させたと考えることができる，自然な結果といえよ
う。

　興味深いのは，第2の「経路」である。図表5－9のDの係数推定値は，
いずれも符号は負で，統計的に有意である。このことは，上述の取引高縮減を
経由したボラティリティの低下のほかに，平均的にボラティリティを低下させ
る効果が軽減税率廃止にはあったことを示唆する。Song and Zhang［2005］
の枠組みでは，我が国株式市場が高均衡にあったと仮定すれば，配当課税の増
税はボラティリティを押し上げなければならない[12]。一方，譲渡益課税の増税
は，NE曲線をフラットにするとともに，XE曲線を上にも下にも下げるうる
ため，ボラティリティは上がる可能性も下がる可能性もある。今回の分析結果
は，結果としてボラティリティが下がっているので，配当課税増税の効果を譲
渡益課税増税が打ち消したものと解釈できる。

　これは，Hayashida and Ono［2016］で示された，軽減税率を導入した2003
年の「新証券税制」の結果と対照をなす。同論文では，2003年1月1日の譲渡
益課税の軽減税率導入は，ボラティリティに特段の効果を認めないというもの
であった。それに対して，本章の分析の含意は，配当課税の効果を打ち消すほ
どに強いものであったというものである。もっとも，2003年の税制改正は軽減

### 図表5－9　取引高の自己回帰分析

$$\widehat{TV_t} = 712,856 + 0.555\widehat{TV_{t-1}} + 0.216\widehat{TV_{t-2}} - 201,493D_t$$

$$(6.377) \quad\quad (12.492) \quad\quad (4.862) \quad\quad (-3.490)$$

$$(0.000) \quad\quad (0.000) \quad\quad (0.000) \quad\quad (0.000)$$

$R^2 = 0.635$, D.W. $= 2.122$, S.E. $= 547,699$, AIC $= 29.273$

（注）　各係数推定値の括弧内の数値は上段がt値，下段がP値である。

税率の導入のみならず，複雑な制度の簡素化も行われているので，それがない2014年1月の軽減税率廃止とは単純な比較できないかもしれない。いずれにしても，今回の分析結果から両研究の対照的な結果の原因を突き止めることは不可能である。

# V．課題と今後の方向性：おわりに代えて

　本章では，2015年12月を以て廃止された軽減税率が，株価収益率のボラティリティという株式投資のリスクに与えた影響を実証的に分析した。その結果，ボラティリィが低下したことが明らかになったほか，そのひとつの「経路」が取引高の縮減にあることが示唆された。ただし，軽減税率の廃止が配当課税と譲渡益課税について同時に行われたため，それぞれを区別して，より詳しいメカニズムを明らかにすることは，データの制約上かなわなかった。この点は課題として残っている。

　本章を終えるに際し，そうした課題を克服する可能性のある分析をスケッチしたい[13]。保有株式から配当を得るためには，権利確定日に株主名簿に名前が載っていなければならない。ただし，権利確定日に株主名簿に載るためには，3営業日までに取得しておかねばならない。この日を権利付最終日とよぶ。よって，権利付最終日前の一定期間は，配当狙いの取引が多く行われると考えられる。そのため，その期間における株式取引には，配当課税の影響が色濃く表れるから，これを軽減税率廃止の前と後で比較すれば，少なくとも，配当課税の軽減税率廃止については，より詳しい知見を得ることができよう。権利確定日および権利付最終日は銘柄ごとに異なるが，東京証券取引所上場銘柄の多くが，3月31日を権利確定日に定めているため，一定の単純化の仮定のもと，これを行えば，本章の分析を補うものとなろう。

　ただし，この分析を行うためには，銘柄ごとの株価とそれに影響を与える取引高のデータが必要である。本章の分析を精緻化する後続の研究には，こうしたデータを用いて，パネル分析を行うことが有力な候補となるであろう。

## [注]

1) 「新証券税制」では，上場株式等にかかる譲渡益課税（1月1日）と配当課税（4月1日）の税率を26％から20％に引き下げると同時に，10％の軽減税率を時限的に導入した。

2) 少額投資非課税制度とは，株式と株式投資信託に係る配当，譲渡益課税を，年間120万円（導入当初は100万円）を限度に非課税にする制度。個人投資家の育成を企図し，英国の制度 ISA（Individual Savings Account ＝個人貯蓄口座）をもとに，設計された。

3) 2010年のトロントサミット直前に IMF が発表した報告書には，金融機関のバランスシートに課税する銀行税（Bank Levy），金融機関の収益および役員報酬を課税ベースとする金融活動税（Financial Activity Tax ＝ FAT）を提唱し，また，金融資産の取引を課税ベースとする金融取引税（Financial Transaction Tax ＝ FTT）にも言及している。

4) 投資家の資産保有への影響については，海外では，例えば，Feldstein［1976］，Hubbard［1985］，Hochguertel et al.［1997］，King and Leape［1998］などが代表的である。我が国では，ホリオカ［1987］，松浦・滋野［1999］，滋野［1997］，白石・松浦［2002］，鈴木［2006］などが，利子課税，特にマル優制度に焦点を当てた研究を行っている。配当課税が株式需要・保有に与える影響については，林田・大野［2008］，大野・林田［2010］などがある。

5) 配当課税と株価に関する研究は数多いが，その多くは株価水準，もしくは企業価値に与える影響に関するものである。例えば，Auerbach and Hasset［2005］などを見よ。株価の2次モーメントを対象とした研究は海外においても存外少なく，しかも，配当を支払う企業行動の視点からのものに限られている。例えば，資産構成からのアプローチである，Auerbach［2002］，Graham［1996, 2003］，エージェンシー・メカニズムからのアプローチである，Blouin et al.［2007］，Brown et al.［2007］，Chetty and Saez［2005］，Nam et al.［2004］，Syron Ferris［2015］などを挙げることができる。

6) この式は Song and Zhang［2005］，p.1111の第13式にあたる。

7) この図表は Song and Zhang［2005］，p.1113の Figure 2 の再掲である。

8) この式は Song and Zhang［2005］，p.1112の第17式にあたる。

9) この手法を提案した Glosten et al.［1993］から命名された。尚，ほぼ同時期に，Zakonian［1994］も同じ手法を提案している。

10) 松井証券のウェブサイト（ http://www.matsui.co.jp ）から入手した。

11) 次数を2次としたのは，3期以上のラグを入れると，すべてのラグ目的変数の係数推定値が有意にはならないためである。ただし，3期以上のラグを入れても，税制改革ダミーの係数推定値や決定係数などの統計値は大きく変わらない。

12) 2003年の「新証券税制」の影響を精査した Hayashida and Ono［2016］では，1999年の有価証券取引税廃止も対象に，日次データによる GARCH 型モデルのほか，高頻度データによる HAR モデルを用いた推計も行った。その結果は，高均衡にある場合と整合的なものとなっている。

13) この手法は，北九州市立大学の林田実教授の助言による。記して謝したい。

## [参考文献]

Auerbach, A. [2002], "Taxation and Corporate Financial Policy," in A. Auerbach and M. Feldstein, eds., *Handbook of Public Economics*, Vol.3, Elsevier Science B.V., Chapter 19, pp.1251-1292.

Auerbach, A. and Hassett, A. [2005], "The 2003 Dividend Tax Cuts and the Value of the Firm: An Event Study," *NBER Working Paper*, 11449.

Blouin, J., Raedy, J.S. and Shackelford, D. [2007], "Did Firms Substitute Dividends for Share Repurchases After the 2003 Reductions in Shareholder Tax Rates," *NBER Working Paper*, 13601.

Bollerslev, T. [1986], "Generalized Autoregressive Conditional Heteroscedasticity," *Journal of Econometrics*, Vol.31(3), pp.307-327.

Brown, J., Liang, N. and Weisbenner, S. [2007], "Executive Financial Incentives and Payout Policy: Firm Responses to the 2003 Dividend Tax Cut," *The Journal of Finance*, Vol.62(4), pp.1935-1965.

Chetty, R. and Saez. E. [2005], "Dididend Taxes and Corporate Behavior: Evidence from the 2003 Tax Cut," *Quarterly Journal of Economics*, Vol.120(3), pp.791-833.

Engle, R.F. [1982], "Autoregressive conditional heteroscedasticity with estimates of the variance of United Kingdom inflation," *Econometrica*, Vol.50(4), pp.987-1007.

Feldstein, M [1976], "Personal Taxation and Portfolio Composition: An Econometric Analysis," *Econometrica*, Vol.44(4), pp.631-650.

Glosten, L., Jagannathan, R., and Runkle, D. [1993], "On the relationship between the expected value and the volatility of nominal excess return on stocks," *Journal of Finance*, Vol.48(5), pp.1779-1801.

Graham, J. [1996], "Debt and the Marginal Tax Rate," *Journal of Financial Economics*, Vol.41(1), pp.41-74.

Graham, J. [2003], "Taxes and Corporate Finance: A Review," *The Review of Financial Studies*, Vol.16(4), pp.1075-1129.

Hayashida, M. and H. Ono [2016], "Tax reform and stock return volatility: The case of Japan," *Journal of Asian Economics*, Vol.48, pp.1-14.

Hochguertel, S., R. Alessie, and A. van Soest [1997], "Saving Accounts versus Stocks and Bonds in Household Portfolio Allocation," *Scandinavian Journal of*

第5章 税制改革と株式市場のボラティリティ 113

*Economics*, Vol.99, No.1, pp.81-97.

Hubbard, R.G. [1985], "Personal Taxation, Pension Wealth, and Portfolio Composition," *Review of Economics and Statistics*, Vol.67, pp.53-60.

Karpoff, J.M. [1987], "The relationship between price change and trading volume: a survey," *Journal of Financial and Quantitative Analysis*, Vo.22(1), pp.109-126.

King, M., and J. Leape [1998], "Wealth and Portfolio Composition: Theory and Evidence," *Journal of Public Economics*, Vol.69, pp.155-193.

Nam, J., Wang. J. and Zhang, G, [2004], "The Impact of Dividend Tax Cut and Managerial Stock Holdings on Firm's Dividend Policy," *EFMA 2004 Basel Meeting Paper*.

Nelson, D.B. [1991], "Conditional heteroscedasticity in asset returns: a new approach," *Econometrica*, Vol.59(2), pp.347-370.

Song, F.M., and Zhang, J. [2005], "Securities transaction tax and market volatility," *The Economic Journal*, Vol.115(506), pp.1103-1120.

Syron Ferris, E. [2015], "Dividend Taxes and Stock Volatility," *Finance and Economics Discussion Series*, 2015-036, Federal Reserve Board, Washington, D.C.

Zakoian, J.M. [1994], "Threshold Heteroskedastic Models," *Journal of Economic Dynamics and Control*, Vol.18(5), pp.931-955.

滋野由紀子 [1997], 「利子課税制度の政策的転換と家計の反応」『大阪大学経済学』第46巻, 第3号, 1997年, 1月, 24-45頁。

白石小百合・松浦克己 [2002], 「家計の危険資産選択と税制」『証券経済研究』第36号, 日本証券経済研究所, 3月, 129-142頁。

鈴木亘 [2006], 「マル優廃止によって家計は証券投資を積極化させたのか?」『証券経済研究』第56号, 日本証券経済研究所, 12月, 131-146頁。

林田実・大野裕之 [2008], 「配当課税が家計の株式投資行動に与える影響―『証券貯蓄に関する全国調査』個票データにもとづく実証分析―」『証券経済研究』64号, 日本証券経済研究所。

林田実・大野裕之 [2010], 「配当課税と株式投資―多年度マイクロデータによる家計の分析―」『証券経済研究』70号, 日本証券経済研究所。

ホリオカ, チャールズ・ユウジ [1987], 「日本における家計貯蓄の決定要因とマル優廃止の影響について―都道府県所在地都市別データによる分析を踏まえて―」『フィナンシャル・レビュー』, 大蔵省財政金融研究所, 3月, 27-39頁。

松浦克己・滋野由紀子 [1999], 「利子所得税と勤労所得税の比較」『会計検査研究』

第5章　税制改革と株式市場のボラティリティ

第20号，9月，9-21頁。

# 第6章　長寿リスクと企業年金税制
## ――ニュージーランドの議論――


篠　原　正　博


# Ⅰ．はじめに


　本章は，長寿リスクの軽減の観点から，ニュージーランドにおける企業年金
に係る税制の議論に注目する。

　まず，長寿リスクとは何かを説明しよう。図表6－1はニュージーランドお
よび日本における平均余命を示したものである。65歳の男性（女性）の平均余
命は，2000年においてニュージーランド16.7歳（20.0歳），日本17.54歳（22.42
歳）であったが，2005年にはニュージーランド18.0歳（20.6歳），日本18.13歳
（23.19歳）へ，2010年にはニュージーランド18.9歳（21.3歳），日本18.74歳
（23.80歳）へと一貫して伸びている。

　このような平均余命の伸びは，人口高齢化の要因となる。ニュージーランド
（日本）における高齢化率は，2014年に14.0％（26.0％）であるが，2050年に
は24.0％（38.8％）に上昇すると予測されている。また，同国における高齢者
人口（65歳以上人口）に対する生産年齢人口（15歳以上65歳未満人口）の比率
は，図表6－2で示されるように，2000年の5.6から2050年には2.4に低下する
と推計されている。

　平均余命の伸びはそれ自体望ましいことではあるが，反面，人々が長生きす
ることによるコストが発生する。このようなコストは，政府，企業，個人のそ
れぞれに発生し，長寿リスク（longevity risk）と呼ばれる[1]。

　第一に，政府にとっては，高齢化により公的年金の受給者が増加することに

第6章　長寿リスクと企業年金税制

## 図表6－1　平均余命の推移（65歳）

|  | 男　性 | | 女　性 | |
|:---:|:---:|:---:|:---:|:---:|
|  | 日　本 | ニュージーランド | 日　本 | ニュージーランド |
| 2000年<br>（2000-02） | 17.54 | 16.7 | 22.42 | 20.0 |
| 2005年<br>（2005-07） | 18.13 | 18.0 | 23.19 | 20.6 |
| 2010年<br>（2012-14） | 18.74 | 18.9 | 23.80 | 21.3 |

〔出所〕　厚生労働省『生命表』，Statistics New Zealand, *Life expectancy tables*.

## 図表6－2　生産年齢人口に対する高齢者人口の比率

|  | 2000年 | | 2050年 | |
|:---:|:---:|:---:|:---:|:---:|
|  | 生産年齢人口 | 高齢者人口 | 生産年齢人口 | 高齢者人口 |
| 日　　本 | 3.9 | 1 | 1.3 | 1 |
| ニュージーランド | 5.6 | 1 | 2.4 | 1 |

〔出所〕　New Zealand Treasury［2009］，p.18，内閣府［2011］，6頁。

なり，公的年金財政が大きな影響を受ける。第二に，私的年金（企業年金，個人年金）を提供する企業に影響を与える。予測せざる長寿は，確定給付型年金を給付する企業にとって，企業収益を圧迫し，株価に悪影響をもたらす。同様に，個人年金を供給する生命保険会社の財務状況を悪化させ，支払不能の可能性をもたらす。第三に，個人にとって予測せざる長寿は，老後の生活のための資金不足を招く。

　本章では，以上のうち個人の長寿リスクに注目する。個人にとって老後の生活は，公的年金，企業年金，自助努力（預貯金，個人年金等）のいずれかに頼らざるをえない。図表6－2で示されるように，ニュージーランドではわが国ほど人口高齢化のスピードは速くないが，わが国の場合と同様に公的年金制度の持続可能性が問題とされており，給付水準の引き下げ，支給開始年齢の引き上げ，高所得者への給付制限などが議論されている。さらに，このような公的

年金の縮小策の影響を緩和するために企業年金（KiwiSaver）の拡充が検討されている[2]。

個人の老後所得を保障する観点からは，私的年金の発展を支援する政策が必要であり，年金課税のあり方も当然問題になると考えられる。ニュージーランドでは，1980年代の労働党政権下の税制改革において年金課税のあり方に関して活発な議論が行われ，1990年に年金課税の見直しが実施された。それに先立ち，1988年には政府により2種類の報告書（New Zealand Government [1988]，Report of the Consultative Committee [1988]）が公表されている。もっぱらこれらの報告書に基づき，ニュージーランドにおける企業年金課税の議論を考察し，わが国の企業年金課税のあり方に対して何らかの示唆を得たい。

本章の構成は以下のとおりである。まず，ニュージーランドの年金制度を概説する（II節）。次に，OECD諸国における企業年金課税の現状を概観し，課税ベースの観点から年金課税を整理する。さらに，ニュージーランドにおける年金課税制度を紹介し，企業年金課税改革の議論を考察する（以上III節）。最後に，ニュージーランドにおける企業年金課税の議論がわが国の年金課税に与える政策的含意を示す。

# II．ニュージーランドの年金制度

## 1．全体像

ニュージーランドの年金制度は，公的年金制度（ニュージーランド老齢年金：New Zealand Superannuation）と私的年金制度から構成されている。私的年金制度は，①企業年金であるか個人年金であるか，②一時金（退職金：lump sum scheme）であるか年金（pension scheme）であるか，により4種類に分類される。さらに，企業年金は，事業主拠出があるか否かにより2種類（subsidized scheme：補助スキーム，non-subsidized scheme：非補助スキーム）に分類される。また，あらかじめ給付額が確定しているか，掛金の金額が

確定しているかにより，確定給付年金（defined benefit scheme）と確定拠出年金（defined contribution scheme）とに分類される[3]。現状では，ニュージーランドの高齢者の40％は所得のすべてを老齢年金に依存しており，60％はその所得の約80％を老齢年金および他の政府移転に頼っていると指摘されている[4]。

　企業年金制度は，従来型の職域年金と KiwiSaver とから構成される。職域年金の加入者の全被用者人口に占める割合は，2003年に13.89％であったが，2012年には9.98％に低下している[5]。図表6－3は職域年金の推移を示している。スキーム数は1990年に2,242であったが，2015年には147にまで減少している。また，加入者数も1990年には約31万人であったが，2015年には約20万人に減少している。資産残高（1990年29.6％，2015年72.8％）および加入者数（1990年67.4％，2015年79.2％）で見ると，確定拠出年金の割合が上昇している。このような現象は世界的なトレンドであり，かつニュージーランドにおいては KiwiSaver の導入が大きく影響している[6]。

　KiwiSaver は，2007年に導入された政府の補助する任意の確定拠出型企業年金である。KiwiSaver の加入者数は，2014年6月段階で，18歳～64歳の現役世代人口の約67％である[7]。

### 図表6－3　ニュージーランドの職域年金

| | 確定給付年金 | | 確定拠出年金 | | 総　計 | |
|---|---|---|---|---|---|---|
| | 2015年 | 1990年 | 2015年 | 1990年 | 2015年 | 1990年 |
| スキーム数 | 89<br>(60.5) | 452<br>(21.2) | 58<br>(39.5) | 1,790<br>(79.8) | 147<br>(100.0) | 2,242<br>(100.0) |
| 資産残高<br>(100万 NZ＄) | 4,679<br>(27.2) | 6,691<br>(70.4) | 12,493<br>(72.8) | 2,817<br>(29.6) | 17,172<br>(100.0) | 9,508<br>(100.0) |
| 加入者数 | 41,730<br>(20.8) | 101,217<br>(32.6) | 159,128<br>(79.2) | 209,524<br>(67.4) | 200,858<br>(100.0) | 310,741<br>(100.0) |

（注）　カッコ内は構成比を示す。
〔出所〕　Financial Market Authority［2016］，p.15.

## 2．公的年金制度[8]

　ニュージーランド老齢年金の特徴として，以下の事柄が挙げられる。

　第一に，保険料の徴収は行われず，税を財源としている。

　第二に，給付は年齢要件および居住要件に基づき行われる。老齢年金を受給する要件として，65歳以上であることに加え，20歳以降10年間ニュージーランドに居住していること，50歳以降5年間ニュージーランドに居住していることが求められる。

　第三に，ミーンズテストは実施されない。ただし，夫婦世帯において配偶者が老齢年金の受給資格要件を満たしていない場合，夫婦の所得審査が行われ，所得額によっては受給額が減額される。

　第四に，給付額は定額であり，毎年，消費者物価指数の伸びに応じて調整される。世帯状況により給付額は異なる。夫婦世帯の場合，課税後週平均賃金の65％から72.5％の範囲に，独身世帯の場合，夫婦世帯の60％（住宅をシェアしている場合）もしくは65％（一人で居住している場合）の水準に設定されている。65歳以上人口のうち，老齢年金受給者の割合は，2012年において 95.7％である[9]。

## 3．KiwiSaver[10]

### （1）　加入資格

　KiwiSaver の加入資格として，ニュージーランド国民であること，ニュージーランドの永住権を有すること，ニュージーランド老齢年金の支給開始年齢に達していないこと（65歳未満であること）が求められる。

### （2）　加入方法

　18歳以上64歳以下の新規被用者は，原則として KiwiSaver に自動加入となる。すでに雇用されている者の加入は任意である。自営業者や無職者は，ファンド提供者と直接契約を行う。

## （3） 脱　退

自動加入した新規被用者は，加入後２週間から８週間の間に脱退可能である。

## （4） 拠出（掛金）

被用者は，掛金として課税前賃金の一定割合（３％，４％，８％）を選択可能である。ただし，選択した場合３カ月はその割合を変更できない。選択しない場合は３％となる。自営業者や無職者の場合，その掛金はファンド提供者との契約により決定される。

雇用主の掛金は，課税前賃金の３％である。

## （5） 拠出の一時停止（Contributions holiday）

被用者は，12カ月以上掛金を支払っている場合，３カ月から５年の間拠出を停止できる。

## （6） 掛金の運用

新規被用者は，就職後３カ月以内であれば，掛金の運用に関して，KiwiSaver プロバイダー（銀行や保険会社，投資マネジャー等）の提供するファンド（2015年６月末段階で25種類）を自由に選択して加入できる。被用者が選択しない場合は，雇用主の指定するファンドに加入することになる。もし雇用主が指定するファンドが存在しない場合は，内国歳入庁の指定するファンド（2016年現在９種類）のどれか一つに加入させられる。被用者は，以上のようにして加入したファンドをいつでも変更できる。

2015年６月段階での加入状況は，被用者による自由選択（70％），雇用主の指定するファンドに加入（８％），内国歳入庁の指定するファンドに加入（22％）となっている。

### （7）　加入者の特典

①　加入者税額控除

KiwiSaver の加入者に対しては，加入者税額控除（Member Tax Credit）が提供される。政府は，加入者の拠出額の50％を税額控除の形で補助している。ただし，控除には上限額が設定されており，2011年7月以降は521.43NZドルとなっている。

②　住宅購入補助

KiwiSaver の加入期間3年以上の者を対象として，初めての住宅の購入に対する補助（KiwiSaver HomeStart grant）が認められている。ただし，補助額には上限が設定されている（新築20,000NZ ドル，中古10,000NZ ドル）。

### （8）　引き出し

ニュージーランド老齢年金の支給開始年齢（65歳）に達した場合，もしくは60歳以上で KiwiSaver への加入期間が5年以上の場合，貯蓄の引き出しが可能となる。ただし，初めて住宅を購入する場合，海外に永住する場合，重病の場合，著しい財政的苦難に陥った場合には，上記の条件を満たさなくても引き出しが可能である。

# Ⅲ．年金と税制

## 1．先進国の企業年金課税

先進国における企業年金課税の現状は，図表6 - 4で示されるとおりである。拠出時，運用時，給付時のそれぞれの段階において，課税（T：Taxed）もしくは非課税（E：Exempt）のいずれかが適用される。

年金課税は，課税ベースとして所得をとるか消費をとるかにより，包括的所得税体系のもとでの課税制度と支出税体系における課税制度に分類できる[11]。前者には TTE（オーストラリア，ニュージーランド，トルコ），TET（オー

ストリア，ベルギー，フランス，イスラエル，韓国，ルクセンブルク，ポルトガル）およびETT（デンマーク，イタリア，スウェーデン）が，後者にはEET（日本を含む17カ国）およびTEE（チェコスロバキア，ハンガリー，メキシコ）がそれぞれ分類される。

　包括的所得税体系においては，TTE（拠出時課税，運用時課税，給付時非課税）が基本形である。包括的所得税の観点からは，拠出段階での従業員負担分の所得控除は認められず，また事業主負担分に関して損金算入を認める場合は，給与とみなされ従業員の所得に算入される。運用段階では，運用益を加入者の所得として帰属させ，発生時点で課税される。給付段階においては，拠出および運用段階において課税されるため，非課税となる。

　しかしながら，事業主拠出を従業員のみなし給与として帰属させること，および運用益の帰属計算を行うことは執行上困難である。アメリカ財務省は，前

### 図表6－4　OECD諸国における企業年金課税制度

| | |
|---|---|
| EET（拠出時非課税，運用時非課税，給付時課税） | カナダ，チリ，エストニア，フィンランド，ドイツ，ギリシャ，アイスランド，アイルランド，日本，オランダ，ノルウェー，ポーランド，スロヴァニア，スペイン，スイス，イギリス，アメリカ |
| TEE（拠出時課税，運用時非課税，給付時非課税） | チェコスロバキア，ハンガリー，メキシコ |
| ETE（拠出時非課税，運用時課税，給付時非課税） | － |
| TET（拠出時課税，運用時非課税，給付時課税） | オーストリア，ベルギー，フランス，イスラエル，韓国，ルクセンブルク，ポルトガル |
| ETT（拠出時非課税，運用時課税，給付時課税） | デンマーク，イタリア，スウェーデン |
| TTE（拠出時課税，運用時課税，給付時非課税） | オーストラリア，ニュージーランド，トルコ |
| EEE（拠出時非課税，運用時非課税，給付時非課税） | スロバキア共和国 |

〔出所〕　OECD［2015b］，p.3.

者の問題点を回避するために，ETT（拠出時非課税，運用時課税，給付時課税）を提案した[12]。ETT では，拠出段階において事業主負担分が損金算入されると同時に，従業員負担分も控除が認められる。運用段階では，運用益の帰属が可能な場合には従業員の所得として課税され，帰属が困難な場合には事業主所得として課税される。給付段階では，受給者の所得として課税される。さらに，運用益の帰属計算による発生時点での課税を避け，給付時に課税する方法が TET（拠出時課税，運用時非課税，給付時課税）である。

　支出税体系においては，貯蓄控除型と利子非課税型（前納方式）の２種類が存在する。前者は EET（拠出時非課税，運用時非課税，給付時課税），後者は TEE（拠出時課税，運用時非課税，給付時非課税）である。EET では，拠出段階において従業員負担分の所得控除および事業主負担部分の損金算入が認められる。積立金の運用益も貯蓄とみなされ非課税である。給付時においては，貯蓄の引き出しとみなされ課税される。TEE では，貯蓄が課税されるが，貯蓄の生み出す利子に対しては課税されない。したがって，拠出段階では課税されるが，積立金の運用益は非課税である。また，貯蓄に対して課税されるので，貯蓄の引き出しに対しては非課税である。

　図表 6 - 5 は，以上の５種類の課税方式の具体例を示している。ただし，納税者は第 I 期に掛金100ドルを拠出し，III 期後に引き出すと仮定する。さらに，所得税率25％，収益率（割引率）10％とする。

　TTE においては，拠出段階での課税により，課税後の初期資産額は75（＝100－25）になる。運用段階でも課税されるので，純発生所得は18.2（≒75(1＋0.075)$^3$－75）であり，退職時の資産額は93.2（＝75.0＋18.2）となる。また，総税収の現在価値は30.0（≒25＋18.2×0.25）である。ETT では，拠出時非課税なため課税後初期資産額は100である。純発生所得は24.2（≒100(1＋0.075)$^3$－100），退職時資産額は124.2（＝10.0＋24.2）となる。給付時に31.1（≒124.2×0.25）だけ課税されるため，純年金所得は93.2（＝124.2－31.1），総税収の現在価値は TTE の場合と同様30.0$\left(≒24.2×0.25＋\dfrac{31.1}{(1＋0.1)^3}\right)$となる。TET においては，拠出段階での課税により，課税後の初期資産額は75（＝100

－25）になる。運用段階では非課税なので，純発生所得は24.8（≒75(1+0.1)$^3$ －75）であり，退職時の資産額は99.8（＝75.0＋24.8）となる。給付時に24.9（≒99.8×0.25）だけ課税されるため，純年金所得は74.9（＝99.8－24.9），また，総税収の現在価値は43.7$\left(≒25.0+\dfrac{24.9}{(1+0.1)^3}\right)$となる。ただし，給付段階では純発生所得（24.8）にのみ課税されるとすると，それに対する税額は6.2（＝24.8×0.25）となる。その結果，純年金所得は93.6（＝99.8－6.2），総税収の現在価値は29.7$\left(≒25.0+\dfrac{6.2}{(1+0.1)^3}\right)$でTTEやETTの場合とほぼ同額になる。

EETのケースでは，拠出時非課税なので課税後初期資産は100である。運用時においても非課税のため，純発生所得は33.1（＝100(1+0.1)$^3$－100），退職

**図表6－5　年金課税体系**

| | 支出税体系 | | 包括的所得税体系 | | |
|---|---|---|---|---|---|
| | EET | TEE | TTE | ETT | TET |
| 課税前拠出（A） | 100.0 | 100.0 | 100.0 | 100.0 | 100.0 |
| 税（B） | － | 25.0 | 25.0 | － | 25.0 |
| 課税後初期資産<br>（C＝A－B） | 100.0 | 75.0 | 75.0 | 100.0 | 75.0 |
| 純発生所得（D） | 33.1 | 24.8 | 18.2 | 24.2 | 24.8 |
| 退職時資産<br>（E＝C＋D） | 133.1 | 99.8 | 93.2 | 124.2 | 99.8 |
| 年金所得に対する<br>課税（F） | 33.3 | － | － | 31.1 | 24.9<br>(6.2) |
| 純年金所得<br>（G＝E－F） | 99.8 | 99.8 | 93.2 | 93.2 | 74.9<br>(93.6) |
| 総税収の現在価値 | 25.0 | 25.0 | 30.0 | 30.0 | 43.7<br>(29.7) |

（注）・納税者は第Ⅰ期に掛金100ドルを拠出し，3期後に引き出すと仮定。
　　　・所得税率25％，収益率10％と仮定。
　　　・カッコ内は運用益にのみ課税する場合。
〔出所〕　Yoo and Serres［2004］, p.77を加筆修正。

時資産額は133.1（＝100＋33.1）となる。給付時においては，33.3（≒133.1×0.25）だけ課税され，純年金所得は99.8（＝133.1－33.3）となる。総税収の現在価値は25.0$\left(≒\dfrac{33.3}{(1+0.1)^3}\right)$である。TEE においては，課税後初期資産額は75（＝100－25.0），純発生所得額は24.8（≒75(1+0.1)^3－75）である。運用時および給付時において非課税なため，退職時資産額は99.8（＝75.0＋24.8），総税収の現在価値は25.0となる。

## 2．ニュージーランドの年金課税制度

ニュージーランドにおける年金課税制度は，図表6－6で示されるとおりである。前述のように，公的年金制度の財源は一般財源となっているため（税方式），保険料の拠出はない。運用段階および給付段階においては課税される。老齢年金の運用に関しては，2001年にニュージーランド老齢年金基金（New Zealand Superannuation Fund）が設立され，2003年以降運用が開始されている。同基金は信託として扱われ，運用益は所得税の課税対象とされる。給付時には，源泉徴収課税が行われる。

企業年金に関しては，1987年12月17日の政府声明[13] 以降，EET から TTE に向けて段階的に制度変更が実施され，1990年4月以降は TTE に完全に移行している。

変更前の状況を眺めると，退職所得の給付形態（年金 or 一時金）により制度が異なる（図表6－6）。年金形態の場合，事業主拠出分は支払給与の10％まで，また従業員拠出分は一定額までそれぞれ控除可能である。運用段階では非課税である。給付段階においては年金所得として課税されるが，給付額の一定割合（25％）までは非課税である。一時金（退職金）として受け取る場合には，事業主拠出分および従業員拠出分は一定額まで控除可能である。運用段階では，1982年以前の基金（Class A fund）の運用益は非課税であるが，それ以外の基金（Class B fund）の運用益は課税である。給付段階では非課税である。

1990年4月に，企業年金と個人年金に対する課税方式が統一された。企業年金において，拠出段階の事業主負担の損金算入は認められるが，従業員に対す

126　　　　第6章　長寿リスクと企業年金税制

## 図表6－6　ニュージーランドにおける年金課税制度

| 公的年金（NZ Superannuation） | |
|---|---|
| 拠出（事業主） | － |
| 拠出（従業員） | 税方式 |
| 運　用 | 課税（T） |
| 給　付 | 課税（T） |

| 企業年金（1990年3月以前） | | |
|---|---|---|
| | 年　金 | 一時金（退職金） |
| 拠出（事業主） | 一部非課税（pE）<br>給与の10％まで控除可能 | 一部非課税（pE）<br>一定額まで控除可能 |
| 拠出（従業員） | 一部非課税（pE）<br>一定額（1,200NZ＄）まで控除可能 | 一部非課税（pE）<br>一定額（1,200NZ＄）まで控除可能 |
| 運　用 | 非課税（E） | 非課税（E，Class A）<br>課税（T，Class B） |
| 給　付 | 一部課税（pT）<br>給付額の25％まで非課税 | 非課税（E） |

| 個人年金（1990年3月以前） | | |
|---|---|---|
| | 年　金 | 一時金（退職金） |
| 拠　出 | 一部非課税（pE）<br>一定額（1,400NZ＄）まで控除可能 | 一部非課税（E，Class A）<br>課税（T，Class B） |
| 運　用 | 非課税（E） | 非課税（E，Class A）<br>課税（T，Class B） |
| 給　付 | 一部課税（pT）<br>給付額の25％まで非課税 | 非課税（E） |

| 企業年金（1990年4月） | | |
|---|---|---|
| | 年　金 | 一時金 |
| 拠出（事業主） | 課税（T）<br>損金算入は認められるが，源泉課税（税率33％）される | |
| 拠出（従業員） | 課税（T） | |

第6章　長寿リスクと企業年金税制　　　127

## 図表6－6　つづき

| 運　用 | 課税（T）<br>税率33% |
|---|---|
| 給　付 | 非課税（E）<br>老齢年金付加税（年金受給額の半分が対象，税率25%） |

| 個人年金（1990年4月） ||
|---|---|
| 拠　出 | 課税（E） |
| 運　用 | 課税（T）<br>税率33% |
| 給　付 | 非課税（E）<br>老齢年金付加税（年金受給額の半分が対象，税率25%） |

| 企業年金（現在） |||
|---|---|---|
| | 年　金 | 一時金（退職金） |
| 拠出（事業主） | 課税（T）<br>損金算入は認められるが，従業員の賃金額に応じて源泉課税（税率10.5%，17.5%，30%。33%）される ||
| 拠出（従業員） | 課税（T：職域年金）<br>一部課税（pT：KiwiSaver） ||
| 運　用 | 課税（T）<br>税率28% ||
| 給　付 | 非課税（E） ||

| 個人年金（現在） ||
|---|---|
| 拠　出 | 課税（T） |
| 運　用 | 課税（T）<br>税率28% |
| 給　付 | 非課税（E） |

（注）　pE（partially Exempt），pT（partially Taxed）

〔出所〕　New Zealand Government［1988］，chap.4，PricewaterhouseCoopers［2014］，Susan and Ashton［1983］，p.25，中川［2013］参照。

る給与とみなされ事業主段階で源泉課税される。税率は，当時の所得税の最高税率33％である[14]。運用段階では，運用益に対して拠出段階と同様33％の税率で課税される。給付に関しては非課税であるが，年金受給額の半分に対して老齢年金付加税（National Superannuitant Surcharge，税率25％）が課される。老齢年金付加税は，年金財政コストの軽減[15]および貧しい老齢者への扶助を目的として1985年4月に導入された制度である。老齢年金以外に一定限度額以上の所得のある年金受給者を対象として付加税が課されたが，1998年4月には廃止されている。

　現在の制度は，1990年4月の制度とほぼ同様である。拠出段階の事業主負担に対しては事業主年金拠出税（ESCT：Employer Superannuation Contribution Tax）が課される。ただしその税率は，従業員の総賃金に応じて個人所得税率と同様の4段階（10.5％，17.5％，30％，33％）に設定されている。また，KiwiSaverにおける従業員の拠出に関しては，前述のように加入者税額控除が適用されるため，一部課税（pTTE：partially Taxed，Taxed，Exempt）となっている。

　ちなみに，わが国の年金課税制度を概観すると図表6－7のようになる。公的年金に関してはEETとなっている。拠出時には，事業主拠出は全額損金算入され，従業員の給与とはみなされない。従業員拠出は社会保険料控除の対象となる。運用段階では非課税である。給付時には，雑所得として課税される。

　企業年金に関して，わが国はEETに分類されているが（図表6－4），これは厚生年金基金および確定拠出型企業年金の場合である。わが国の企業年金課税は，包括的所得税の原則に基づくETTが基本である。すなわち，「厚生年金基金，確定給付企業年金，確定拠出年金（企業型）の事業主負担は損金算入され，従業員の給与とみなされることはない。厚生年金基金の本人負担には社会保険料控除が，確定拠出年金の本人負担には小規模企業共済等控除が適用される（E）。運用時には特別法人税が課され（T），給付時には雑所得（一時金に関しては，退職によるものは退職所得，退職以外のものは一時所得）となる（T）」[16]。しかしながら，運用段階での特別法人税は1999年度以降課税停止

第6章　長寿リスクと企業年金税制　　　129

**図表6-7　日本の年金課税制度の概要**

| | 公的年金 | 企業年金 | | | 個人年金 | |
|---|---|---|---|---|---|---|
| | | 厚生年金基金 | 確定給付企業年金 | 確定拠出企業年金 | 財形年金貯蓄 | 個人年金保険 |
| 拠出（事業主） | 非課税（E） | 非課税（E） | 非課税（E） | 非課税（E） | － | － |
| 拠出（従業員） | | | 一部非課税（pE） | | 課税（T） | 一部非課税（pE） |
| 運用 | 非課税（E） | 非課税（E） | 一部課税（pT） | 非課税（E） | 非課税（E） | 非課税（E） |
| 給付 | 課税（T） | 課税（T） | 一部課税（pT） | 課税（T） | 一部非課税（E） | 課税（T） |

〔出所〕　篠原［2013］および鳴島［2009］。

されているため，現実は EET となっている。確定給付型企業年金の場合は複雑である。拠出の従業員負担分に関しては，生命保険料控除の対象となるが社会保険料控除の対象とはならない。したがって，掛金の全額が控除されるわけではない（pE：partially Exempt）。また，運用段階においては，従業員拠出に対応する部分が積立金の計算上控除されるため，一部課税となる。給付段階では，従業員拠出分を控除の後，公的年金と合算して雑所得として課税される。公的年金や企業年金については，公的年金等控除が適用される。

　個人年金に関しては，財形年金貯蓄と個人年金保険とでは課税制度が異なる。財形年金貯蓄の場合，拠出段階では保険料控除が適用されないが，運用益および給付に関しては非課税である。給付段階では，財形住宅貯蓄と合わせて，貯蓄残高550万円まで利子非課税となっている。したがって，財形年金貯蓄の課税方式は支出税体系の TEE となっている。個人年金保険については，拠出の一部に関して個人年金保険料控除が適用される（pE）。運用益は非課税であり，給付は雑所得（一時金は一時所得）として課税される。ただし，公的年金等控除は適用されない。したがって，この場合も課税方式は支出税体系のEET である。

130　　　第6章　長寿リスクと企業年金税制

## 3．ニュージーランドにおける企業年金課税をめぐる議論

### （1）　EET の問題点

　ニュージーランドにおいては，1980年代後半，労働党政権下で大規模な税制改革が実施された。そこでは，所得税を基幹税として，課税ベースを拡げ税率を下げる政策が採られた。具体的には，所得税率のフラット化，貯蓄税制の見直し，配当所得に対するインピュテーション控除の採用，租税優遇措置の見直し，GST（Goods and Services Tax）の導入などが実施された。

　図表6－6で示されたように，改革前の年金課税は支出税の考え方（EET）に基づいていた。年金は老後所得を保障する観点から税制上優遇されており，そのことによりさまざま問題を発生させていた[17]。

　第一に，EET は課税ベースが狭く，多大な税収損失をもたらしていた。1988年度における税収損失額は5.7億 NZ ドルに達すると予測された。この金額は，同年度の中央政府の税収の約2.6％，所得税収の約4.1％である[18]。TTE への変更により，所得税の限界税率引き下げに資すると考えられた。

　第二に，年金に対する優遇措置の存在は，年金への貯蓄を促進し，家計の貯蓄行動に歪みを与えていた。さらに，家計が投資仲介機関として年金基金を選択することにより，また，株式投資を行う年金基金が，基金の運用先として小規模な成長企業の株式よりも低リスクの大企業の株式を選択することにより，企業間の競争条件にも歪みをもたらしていた。加えて，年金基金の運用先の選択に対しても歪みをもたらしていた。企業や政府への融資により得られる収益（利子）は非課税であるが，株式投資による収益（配当）は法人税の対象とされたため，後者のケースでは年金基金の運用益が非課税であるメリットが失われるからである。

　第三に，雇用契約に歪みを発止させていた。一時金の形で受給する場合には完全に非課税となるため（図表6－6），転職の誘因を生み出していた。事業主は従業員の転職を抑制するために，年金を減らして他の手段で従業員に報酬を与えるように，雇用契約を見直す必要があった。

第6章　長寿リスクと企業年金税制　　　131

　第四に，年金に対する税制上の優遇措置により各種規制が必要となり，経済コストを発生させていた。規制の一例を挙げると，従業員は法的規制により自らの年金貯蓄に容易にアクセスできない。年金貯蓄に容易にアクセス可能ならば，銀行預金を年金基金に転換することにより優遇措置の恩恵を受けることが可能となるからである。

　第五に，年金に対する租税優遇措置を利用した節税行動により，課税ベースが侵食され不公平が生じていた。非課税の年金基金は，ニュージーランド国内のタックスヘイブンとなっていた。

　第六に，次のようなさまざまな不公平を発生させていた。①年金に対する優遇措置により恩恵を被るのは，もっぱら中年の高所得者であった。彼らは，貯蓄性向および適用される所得税の限界税率が高く，またさまざまな節税の機会を利用するからである。1988年度において，年金保険料控除による税制優遇の便益の95％は，所得が15歳以上の人々の平均所得を上回る人々に帰属すると予測された。②給与所得者に対して自営業者を相対的に不利にしていた。企業年金を一時金で受給する場合，一定額まで拠出分の控除が認められたが（図表6－6），自営業者が加入する個人年金（Class B）に関しては拠出の控除が認められなかった。また，企業年金の場合，従業員に対する報酬の一部である事業主負担に対して控除が認められたが，個人年金の場合，そもそも事業主負担がない。③転職する人よりも転職しないで継続的に特定の事業主の下で働く人を優遇した。前者は年金に対する税制上の優遇措置の恩恵を限定的にしか受けられないからである。このことは，公務員や大企業の社員を優遇する傾向にあった。④保険料控除は所得に対して適用されるが，その所得が不安定な人は，所得が安定的な人よりも不利であった。⑤企業年金は，正規雇用の従業員に限定されるケースが多かった。以上のようなケースは，女性を相対的に不利にした。女性は所得が低い傾向にあり，また，パートタイムの仕事についたり転職する傾向が強く，子育てのために仕事を中断したりやめたりするからである。1985年度の家計所得・支出報告によると，企業年金に保険料を拠出している女性の割合は，全体の23％でしかなかった。

132　　　　　　　第6章　長寿リスクと企業年金税制

　第七に，年金に対する優遇措置は長期貯蓄を増やし経済成長を促進するとい
う理由で正当化されるが，この議論にはいくつかの問題点がある。まず，理論
的には，税制優遇措置による貯蓄への効果は代替効果（貯蓄を増加させる方に
働く）と所得効果（貯蓄を減少させる方向に働く）の相対的大きさにより決定
され，先験的に貯蓄が増加するかどうかは明らかでない。年金に対する優遇措
置の存在は，貯蓄水準ではなく貯蓄構造に影響を与えると考えられる。さらに
事実に注目すると，過去のニュージーランドにおける貯蓄率（貯蓄の対 GDP
比）はほぼ OECD 平均値に等しいにもかかわらず，成長率は OECD 平均値を
大きく下回っていた（図表6－8）。

　第八に，政府が短期貯蓄よりも長期貯蓄を支持すべき根拠が明らかでない。
短期貯蓄と長期貯蓄の差は金利に反映されるので，政府が市場に介入して長期
貯蓄の相対的メリットを国民に説く理由がない。また，金融機関により短期貯
蓄が長期貸付へ転換されるので，長期貯蓄により長期投資が賄われる必要はな
い。したがって，政府がすべきことは，税制により長期貯蓄を促進することで
はなく，むしろ金融機関に対する規制を緩和することである。

　第九に，企業年金に対する税制優遇措置は，老後の生活のための資金を供給
し，貧困に陥ることを防ぐと言われてきたが，それは次のような理由で必ずし
も正しくない。①老後の生活のための蓄えを行う強い誘因が個人にもある。②
政府により普遍的な老齢年金が提供されている。③税制優遇措置は，政府の援
助を最も必要とする人をターゲットとしておらず，非効率な手段である。④企
業年金は一部の労働者しか対象としていない。労働力人口のうち，企業年金に
加入しているのは約26％である。⑤企業年金に加入している労働者は，転職等

**図表6－8　貯蓄率および実質成長率（単位：％）**

|  | 1985年 | | 1986年 | | 1987年 | |
|---|---|---|---|---|---|---|
|  | 貯蓄率 | 実質成長率 | 貯蓄率 | 実質成長率 | 貯蓄率 | 実質成長率 |
| ニュージーランド | 17.1 | 1.6 | 18.9 | 0.1 | 17.9 | 1.1 |
| OECD 平均 | 21.3 | 3.5 | 20.9 | 3.0 | 21.3 | 3.5 |

〔出所〕　OECD［2000］。

の理由により満額を受給できない。

## （2） TTE と ETT の経済効果の比較

以上のような理由から，New Zealand Government［1988］においては年金を他の貯蓄と同様の TTE 方式で課税することを提案している。これに対して，Report of the Consultative Committee［1988］は，EET 方式から TTE 方式へ，または ETT 方式へ移行する場合の経済効果を比較検討している[19]。

Report of the Consultative Committee［1988］は，まず TTE の長所として以下の点を認めている。第一に，TTE は包括的所得税体系と整合的であり，他の貯蓄との間においても中立的である。第二に，TTE は改革前（1990年3月以前）における個人年金（一時金 Class B）に対する税制の扱いと同様であり（図表6-6参照），個人年金（一時金 Class B）に関しては制度変更に伴う問題を発生させない。第三に，給付が非課税となるため，既に年金を受給している者およびこれから年金を受給しようとする者に損失を与えない。第四に，短期的には税収が増加すると予測される。

しかしながら，次のような問題点があると指摘する。第一に，総貯蓄に対してマイナスの影響を与える可能性がある。ただしこの点に関しては，貯蓄の構成を変化させるだけであり，貯蓄水準に対する影響としては，充実した国の公的年金制度の存在が大きいとする。第二に，多くの企業年金スキームが廃止に追い込まれると予測される。また，企業年金スキームが存続するにしても，流動性を確保するために，税制の優遇されている海外で株式発行による資金調達を行うかもしれない。したがって，ニュージーランドの資本市場へ大きな影響をもたらすと考えられる。

このように既存の企業年金スキームが大きな影響を受ける可能性がある背景として，いくつかの事柄を指摘できる。①企業年金加入者の多くが，年金給付は非課税となるが代わりに拠出が課税されることになるため，EET からの制度変更により得をするかどうかに対して懐疑的である。②企業の負担増が予想される。③従業員に年金を支給するために，企業が年金基金を設けるか否かに

より課税方法が異なる。前者においては，企業による拠出および運用に対して33％の税率で，後者では法人税率28％[20]で課税されることが想定されたため，企業にとって年金基金を継続する誘因が阻害されることになる。

TTE の抱える以上のような問題点を考慮して，Report of the Consultative Committee [1988] では ETT について検討している。ETT を取り上げる理由は，図表6－5で示されるように，一定の条件の下では，ETT の経済効果は TTE と同じになるからである。

ETT の長所として次のような事柄が挙げられる。①拠出が非課税となるため，老後のための民間貯蓄に対する阻害効果が TTE よりも小さい。②事業主負担分が非課税なため，年金スキームに対する影響が小さい。③EET からTTE への変更により，年金給付が非課税となるため年金受給者は思いがけない利益を得るが，ETT では年金給付が課税されるため，そのような利益は発生しない。④公的年金制度であるニュージーランド老齢年金の給付は課税されるから（図表6－6），ETT は公的年金に対する課税と整合的である。

ETT の問題点としては，次のような事柄が指摘される。① EET から ETTへの移行は，TTE への移行よりも困難であると考えられる。ETT では運用段階と給付段階の両方で課税されるため，TTE の場合と異なり，運用段階での課税が給付段階での非課税により相殺されないからである。このことは，すでに退職している人および退職が間近な人にとって深刻な問題である。② ETTは拠出段階が非課税なため，TTE への移行と比較して短期的には税収を減少させると考えられる。③ ETT は18歳以下の子供がいる低・中所得世帯に支給される家族扶助手当（family support）との関係で問題を発生させる。一例を挙げると，ETT は拠出段階で非課税なため，より多くの所得を保険料の支払いにあてることにより課税所得を減少させることができる。その結果，家族扶助手当を受給する可能性が高まる。④ TTE の場合ほどではないが，ETT への移行により企業年金スキームが廃止に追い込まれ，資本市場に悪影響を与える可能性がある。EET から ETT への移行により，運用益が課税されることになるため，従業員にとって保険料を拠出する誘因が低下すると考えられるか

第6章　長寿リスクと企業年金税制　　　135

らである。

## （3）　TTE および ETT の具体的制度設計

New Zealand Government［1988］および Report of the Consultative Committee［1988］は，TTE と ETT に関する具体的な制度設計に関しても言及している（図表6‐9）。

①　TTE

拠出段階では，従業員負担分は控除されない。事業主負担分は労働費用として損金算入を認められるが，従業員に対する給与とみなされ課税対象とされる。その課税方法として New Zealand Government［1988］は，（ⅰ）年金スキームの加入者に対して事業主負担分に応じて課税する，（ⅱ）事業主負担分に対して，加入者の所得税の限界税率で課税する，（ⅲ）従業員の代理人として事業主に対してフリンジベネフィット課税[21]を行う，の3種類を候補として検討している。（ⅰ）に関しては，現金の形で給付されていない分に対する課税は問題があること，および転職等により将来年金を受給しない者も課税されることにより，実施が困難であるとする。（ⅱ）と（ⅲ）は実施可能であるが，徴税コストが相対的に低いという理由でフリンジベネフィット課税の実施を提案する。これに対して Report of the Consultative Committee［1988］は，フリンジベネフィット課税ではなく事業主に対する源泉課税，すなわち（ⅱ）の方が望ましいとする。その理由として挙げられているのは，フリンジベネフィット課税は事業主にとって本来不必要な納税協力費用を発生させ，また短期的には同税の負担を事業主が追う可能性が高いから，事業主の多くが保険料の拠出をやめ，企業年金スキームを廃止する可能性が高いと考えられることである。事業主に納税協力費用が発生する理由は，従来年金保険料の事業主負担分はフリンジベネフィット課税において非課税とされていたが，その措置を見直して課税されることによる。さらに，（ⅱ）の方式で課税する場合の税率は28％が望ましいとしている。年金スキームの加入者の多くが所得税の限界税率28％の階層に含まれると考えられるからである[22]。

136　第6章　長寿リスクと企業年金税制

　年金基金の運用益に関して New Zealand Government［1988］では，年金スキームの構成員に帰属する所得に対する課税の代替的手段として事業主に課

**図表6-9　TTE および ETT の制度設計**

| New Zealand Government［1988］ | | |
|---|---|---|
| | TTE | |
| | 年　金 | 一時金（退職金） |
| 拠出（事業主） | 課税（T）<br>損金算入は認められるが，フリンジベネフィット課税（税率35％）の対象となる | |
| 拠出（従業員） | 課税（T） | |
| 運　用 | 課税（T）<br>税率33％ | |
| 給　付 | 非課税<br>老齢年金付加税（年金受給額の半分が対象） | |

| Report of the Consultative Committee［1988］ | | | |
|---|---|---|---|
| TTE | | ETT | |
| 年金 | 一時金（退職金） | 年金 | 一時金（退職金） |
| 拠出（事業主）：課税（T）<br>損金算入は認められるが，源泉課税（税率28％）の対象となる | | 非課税（E）<br>上限（従業員の課税所得の20％）を設ける | 課税（T）<br>損金算入は認められるが，源泉課税（税率28％）の対象となる |
| 拠出（従業員）：課税（T） | | | 課税（T） |
| 運　用：課税（T）　税率28％ | | 課税（T）<br>税率28％ | 課税（T） |
| 給　付：非課税（E） | | 課税（pT）<br>給付額の25％を限度として非課税 | 非課税（E） |

〔出所〕　筆者作成。

第6章　長寿リスクと企業年金税制　　　137

税すべきだとする。課税に際しては，配当所得およびキャピタルゲインを含む
すべての投資収益が含まれ，投資収益を生み出すためのいかなる経費も控除さ
れる。年金基金の管理運営費用も，投資活動に関わるものであれば控除の対象
となる。税率は，1989年度から実施が予定されている所得税の最高税率に等し
い33％とする。さらに，（1）で述べたように，基金の運用先として株式購入
を選択した場合，運用益には法人税が課されるため株式投資を抑制していた。
これに対応するために，年金基金についても個人の場合と同様インピュテー
ション方式を適用することを提言している。他方 Report of the Consultative
Committee［1988］は，キャピタルゲイン課税には原則賛成であるとしながら
も，実施上の問題に関して慎重な検討が必要なこと，さらに個人段階では非課
税であることを考慮すると，当面支持できないとしている。経費控除に関して
は，New Zealand Government［1988］と同様，控除は投資的経費に限定され
るべきであるとしている。税率は，従業員の名目税率ではなく実効税率に注目
して課税されるべきであるが，もし単一税率が設定されるとしたら，33％では
なく28％（法人税率と同水準）が望ましいとする。前述のように，年金スキー
ムのメンバーの多くが所得税の限界税率28％の階層に含まれると考えられるか
らである。インピュテーション方式の適用に関しては賛成する。

　年金給付の扱いに関して New Zealand Government［1988］では，拠出段
階および運用段階で課税されるので，給付段階では非課税とされるが，老齢年
金付加税については継続して課税すべきことを提唱する。企業年金は所得的要
素（利子）と資本的要素（年金基金による投資から発生する資本収益）から構
成されており，後者の部分に関して課税すべきだとする。ただし，所得的要素
と資本的要素の区分は困難なため，両要素を半々とみなして，すなわち資本的
要素を年金受給額の半分とみなして課税することを提案している。Report of
the Consultative Committee［1988］は，老齢年金付加税に関する以上の主張
は理論的には正当化されるが，次のような問題があると主張する。（ⅰ）老齢
年金付加税は税体系をより複雑にする。（ⅱ）所得税法は企業年金に関する老
齢年金付加税の対象として，退職所得を一時金ではなく年金の形態で受給する

場合を想定しているが，給付額の一部は投資的所得として老齢年金付加税の対象とすべきという理屈は一時金にもあてはまる。（ⅲ）年金形態に対する老齢年金付加税の継続は，退職所得を一時金で得ようとする誘因を人々に与える。

② ETT

（2）で示されるように，TTEおよびETTのいずれも一長一短である。Report of the Consultative Committee［1988］では，年金形態での受給に関しては，給付額の一部を非課税とする修正ETT（ETpT）を提案しているが，一時金での受給に関しては，TTEを適用すること，および事業主負担分に関しては，フリンジベネフィット課税の代わりに年金スキームの中で源泉課税することを提案している。前者では，老齢年金付加税の負担を相殺するために，年金受給額の25％を限度として非課税とされる。一時金に関してTTEを提唱する理由として挙げられているのは，転職の場合を考慮すれば明らかなように，一時金は必ずしも老後のための退職所得ではないこと，当時多くの一時金（企業年金および個人年金）に対してTTEに近い制度で課税が行われており（図表6－6参照），TTEを適用しても大きな影響を受けないと考えられたこと等である。

ETpTの具体的な制度設計の内容は，次のとおりである。拠出は非課税であるが，控除額には上限（従業員の課税所得の20％）を設けるべきであるとする。その理由として挙げられるのは，第一に，上限を設けないと企業年金スキームが所得隠しの手段として利用される可能性があることである。第二に，政府にとって税収予測が容易となることである。第三に，企業年金を満足な水準で提供するには，控除水準を拠出額の16％～20％の水準に設定することが望ましいと予測されることである。控除のやり方として，従業員と事業主が両方拠出している場合には，まず事業主負担分を控除し，それだけでは上限に達しない場合に従業員負担分を控除すべきだとする。一般に事業主負担が従業員負担を上回ることが多く，また，事業主の方が従業員よりも納税協力費用が大きいからである。事業主負担分が上限を上回る場合には，その部分はフリンジベネフィット課税の対象となる。従業員負担分が上限を超過する場合には，その

第6章　長寿リスクと企業年金税制　　　139

部分は控除の対象とされない。

　運用益には課税されるが，キャピタルゲインは非課税である。税率は28％
（1988年度の法人税率と等しい）とする。非投資的経費に関しては，TTE の場
合と異なり控除を認める。さらに，インピュテーション方式の適用も認める。

　給付に関しては，前述のとおりである。


## （4）　TTE 方式導入のその後[23]

　以上のように，1980年代後半に２種類の報告書（New Zealand Government
［1988］および Report of the Consultative Committee ［1988］）で年金課税の
あり方が議論されたが，結局，政府により採用されたのは，New Zealand
Government ［1988］で示された内容が Report of the Consultative Committee
［1988］の提言を受けて若干修正された TTE 方式であった（図表６ - ６およ
び図表６ - ９参照）。TTE への移行により，多くの職域年金において新規加入
の停止や解散による払い戻しが行われた。また，確定給付から確定拠出へ制度
を変更する企業も存在した。

　TTE 方式では，事業主拠出に対する税率，年金基金運用益に対する税率
（法人税率），従業員拠出分の限界税率が同一水準であれば，年末調整もイン
ピュテーション方式による調整も不要となる。図表６ - ６から明らかなよう
に，事業主拠出および年金基金運用益に対する税率は33％に設定された。図表
６ - 10で示されるように，1988年度から1996年度における個人所得税率（限界
実効税率）はほぼフラットで，30,895NZ ドル以上の所得階級においては，限
界実効税率は33％となっていた。しかしながら，その後状況は変化し，2001年
度以降は最高税率が39％となった。このことにより，高所得者が企業年金の形
態で貯蓄を行うことが有利となった。また，2007年に KiwiSaver が導入され
たことにより，企業年金の課税制度は，TTE から ETE に近づいている。
KiwiSaver では，加入者の拠出額に対して加入者税額控除が適用されるからで
ある。

**図表６－10　ニュージーランドの個人所得税率（限界実効税率）**

| 所得階級（NZ＄） | 1988－1996年度 | 1998－2000年度 | 2001－2007年度 |
|---|---|---|---|
| 0－ 9,500 | 15% | 15 | 15 |
| 9,501－30,895 | 28 | 21 | 21 |
| 30,895－38,000 | 33 | 21 | 21 |
| 38,001－60,000 | 33 | 33 | 33 |
| 60,000－ | 33 | 33 | 39 |

〔出所〕　Susan［2007c］，p.256を加筆修正。

# Ⅳ．おわりに

　以上，本章ではニュージーランドにおける1980年代における年金課税改革の議論に注目した。これまでの内容を要約すると以下のようになる。

　（１）ニュージーランドの年金制度は，税方式により財源調達される公的年金制度（ニュージーランド老齢年金）と私的年金（企業年金，個人年金）から構成される。企業年金は従来型の職域年金と2007年に導入された KiwiSaver（確定拠出型企業年金）とから成る。

　（２）OECD 諸国においては，企業年金課税制度として，現在多くの国がEET（拠出時非課税，運用時非課税，給付時課税）方式を採用している。

　（３）ニュージーランドでは，1980年代後半の労働党政権下における税制改革において，年金課税のあり方が見直された。改革前の年金課税は，支出税の考え方に基づく EET 方式が採用されており，他の貯蓄と比較して相対的に優遇されていた。これによりさまざまな不都合が生じていた。

　（４）税制改革後は，包括的所得税に基づく TTE（拠出時課税，運用時課税，給付時非課税）方式へと変更されたが，改革に際しては，TTE と同様に所得税の考え方をとる ETT（拠出時非課税，運用時課税，給付時課税）方式との比較検討が行われた。

　（５）改革後の TTE 方式において，拠出段階では従業員負担分の控除は認

められない。事業主負担分は損金算入が認められるが，従業員に対する給与と
みなされ事業主に対して源泉課税された。運用益に関しては，従業員に帰属す
る所得へ課税することの代替的手段として，事業主に対する源泉課税が実施さ
れた。給付に関しては非課税であるが，企業年金の投資的要素に注目して，老
齢年金付加税が課税された。

（6）1990年代前半までは，事業主拠出に対する税率（33％）および年金基
金運用益に対する税率（33％）が従業員拠出分の限界実効税率とほぼ等しく，
制度がうまく機能していたが，所得税の限界実効税率の変更により高所得者を
有利にした。また2007年の KiwiSaver の導入により，企業年金課税制度は
ETE 方式に近づいている。

さて，年金課税のあり方を考察する視点として野口［1989］は，「課税原則
の立場から公平な（整合的な）税制を追求すること」，「老後所得保障の観点か
ら公的年金と私的年金の役割分担を検討すること」，「高齢化社会に対応するた
めの財政収入を確保すること」，の3点を挙げている[24]。

第一の視点から企業年金のあり方を考える際には，①根拠とする課税ベー
ス，②企業年金と他の貯蓄手段間での課税の整合性，③公的年金と私的年金の
間の公平性，④私的年金間（企業年金と個人年金，企業年金間）での公平性が
問題となる。ニュージーランドの1980年代の税制改革において，以上の事柄が
どのように捉えられていたかを確認すると，①に関しては，包括的所得税の立
場に立っていた。②に関しては，年金課税改革のそもそもの問題意識として，
年金が他の貯蓄と比較して相対的に優遇されており，改革によりそれを是正す
ることがあった。③に関しては，Report of the Consultative Committee［1988］
の中でETT のメリットの一つとしてあげられたが，TTE の採用により実現
されていない。④については，改革後は企業年金課税と個人年金課税の制度，
および異なる退職所得の形態（一時金と年金）に対する課税制度も統一され，
公平性が確保された。

公平性を考える際の基本となるのは①である。ニュージーランドでは年金課
税改革の原則として包括的所得税が採用されたが，図表6-4で示されたよう

に，企業年金課税に関しては多くの OECD 諸国で支出税主義の EET が採用されている。年金税制の改革に関するわが国の議論を眺めると，支出税主義を支持する根拠として挙げられているのは次のような点である[25]。（ⅰ）年金は拠出から給付までが超長期にわたるため，所得を生涯でとらえた課税が妥当である。（ⅱ）拠出段階および運用段階での課税は困難である。（ⅲ）老後のための貯蓄を奨励するには，貯蓄の二重課税を回避できる支出税が望ましい。（ⅳ）現実の所得税はいずれの国においても包括的所得税と支出税の折衷型であり，年金に関して包括的所得税の立場に立って課税するのは中立性の原則の観点から問題がある。（ⅴ）諸外国においても年金に対しては支出税が原則となっている。

このうち（ⅰ）に関しては，租税理論的に妥当ではあるが，転職等の理由で企業年金基金から定年前に脱退するケースにはあてはまらない。New Zealand Government［1988］では，EET の問題点として転職する人が不利になることが指摘されている。（ⅱ）についてはニュージーランドで選択されたように，拠出段階における事業主負担は従業員の給与とみなし事業主に対して源泉課税を行うことにより，また運用段階では，従業員に帰属する所得に対する代替課税として事業主に対して課税することにより対応可能である。この方法は，Bradford and the U.S. Treasury Tax Policy Staff［1984］で示された案と同じものである。（ⅲ）に関しては，支出税主義を採る課税方式により年金貯蓄が他の貯蓄手段と比較して相対的に優遇されるならば，年金貯蓄を促進する効果を有すると考えられる。現実の所得税はハイブリッド型であるという（ⅳ）の指摘は，ニュージーランドにおいても当てはまる。このことは住宅に対する優遇措置に顕著に表れている。住宅に対しては，帰属家賃非課税，借入利子非課税，キャピタルゲイン非課税であり，これは前納方式の支出税である[26]。しかしながら，現実の所得税がハイブリッド型所得税であるからといって，年金を包括的所得税ではなく支出税に基づき課税すべきことにはならないだろう。同様に（ⅳ）に関しても，諸外国で EET が採用されている事実のみをもって，直ちにわが国でも EET を採用すべきことにはならない。

以上の点を考慮すると，課税原則から公平な税制を追求する観点からは，上記（ⅲ）以外の観点からは必ずしも支出税に基づく企業年金課税が望ましいとは言えないだろう。そうなると，別の視点から考察する必要がある。高齢化により年金給付額が大幅に増大することに対応するための財政収入確保の観点からは，支出税主義（EET）から包括的所得税主義（TTE もしくは ETT）へ移行すると，TTE では拠出段階および運用段階では課税されるため，短期的には税収を増加させることが予測できる。ETT は運用段階でも課税されるため，EET よりも税収を増加させることが期待できよう。

老後所得保障のための公的年金と私的年金の役割分担の観点からは，公的年金の補完的役割としての私的年金のあり方が問題となる。この視点に立つとニュージーランドの KiwiSaver は興味深いが，KiwiSaver の考察は今後の課題としたい。

## ［注］

1 ） 以下は，IMF［2012］および新美［2012］参照。
2 ） 以上は，中川［2013］参照。
3 ） 以上は，New Zealand Government［1988］, pp.24-25参照。
4 ） Ministry of Social Development［2015］, p.142.
5 ） OECD［2015a］, p.313.
6 ） Susan, et.al［2014］, p.9参照。また確定拠出金をめぐる世界の動向に関しては杉田［2015］を参照。わが国も同様な状況にある（厚生労働省［2014］および社会保障審議会企業年金部会［2015］参照）。
7 ） OECD［2015a］, p.314.
8 ） 以下は，もっぱら Ministry of Social Development, New Zealand Superannuation（NZ Super）http://www.workandincome.govt.nz/eligibility/seniors/superannuation/index.html 参照。ニュージーランドの老齢年金の沿革に関しては，武田［1999］，芝田［2007］，中川［2013］などを参照のこと。
9 ） Ministry of Social Development［2012］, p.151.
10） 以下は，Inland Revenue, kiwisaver.govt.nz による。
11） 以下は，野口［1989］，大田［1990］，藤田［1992］参照。
12） Bradford and the U.S. Treasury Tax Policy Staff［1984］, p.7, pp.52-54.
13） New Zealand Government［1987］参照。
14） ニュージーランドにおける所得税率は，1988年度から1995年度まで 3 段階（15％，28％，33％）

であった。OECD Tax Database（http://www.oecd.org/tax/tax-policy/tax-database.htm#pit）参照。

15) 退職所得は，1985年には国民平均賃金の46.8％，国民可処分所得の8.5％に達していた。また，1986年度において老齢年金受給者は全人口の14.7％，それに伴う財政支出は政府支出総額の約6分の1に達していた。以上は，Report of the Consultative Committee [1988], pp.11-12参照。

16) 篠原 [2013]，49頁（カッコ内は筆者加筆）。鳴島 [2009] も参照。

17) 以下は New Zealand Government [1988], chap.5および New Zealand Government [1987] 参照。

18) 税収に関しては OECD [1991] 参照。

19) 以下は，Report of the Consultative Committee [1988], chap.3参照。

20) ニュージーランドにおける1988年度の法人税率は28％である。OECD Tax Database（http://www.oecd.org/tax/tax-policy/tax-database.htm#pit）参照。

21) フリンジベネフィット課税は，1985年4月より実施されている。納税者は事業主である。

22) 注14) 参照。

23) 以下は，Susan [2005], Susan [2007a], Susan [2007b], Susan [2007c] 参照。

24) 野口 [1989]，128頁。

25) 野口 [1989]，大田 [1990]，藤田 [1992] 参照。

26) 宮島 [1986]，32頁。


## ［参考文献］

Bradford, D.F. and the U.S. Treasury Tax Policy Staff [1984], *Blueprints for Basic Tax Reform*, Tax Analists.

Financial Market Authority [2016], *Superannuation Scheme Statistics*.

IMF [2012], *Global Financial Stability Report April 2012*, chap.4

Ministry of Social Development [2012], *The statistical report for the year ending june 2012*.

Ministry of Social Development [2015], *Household incomes in New Zealand: Trends in indicators of inequality and hardship 1982 to 2014*.

New Zealand Government [1987], *Government Economic Statement*, Government Printer ANNEX3.

New Zealand Government [1988], *Consultative document on superannuation and life insurance-Volume 1*, New Zealand Inland Revenue.

New Zealand Treasury [2009], *Challenge and Choices New Zealand's Long-term Fiscal Statement*.

OECD [1991], *OECD Economic Surveys New Zealand*.

OECD［2000］, *Economic Outlook.*

OECD［2015a］, *Pensions at a Glance 2015 OECD and G20 Indicators.*

OECD［2015b］, *Stocktaking of the Tax Treatment of Funded Private Pension Plans in OECD and EU Countries.*

PricewaterhouseCoopers［2014］, *Tax facts & figures New Zealand.*

Report of the Consultative Committee［1988］, *Tax Treatment of Superannuation, Report of the Consultative Committee on Superannuation, Life Insurance and Related Areas*, Wellington.

Susan, St. J.［2005］, "Pensions taxation and retirement incomes in New Zealand," *Discussion Papers*, PI-0506, pp.251-268, The Pensions Institute.

Susan, St. J.［2007a］, "KiwiSaver and the Tax Treatment of Retirement Saving in NZ," *New Zealand Economic Papers*, 41(2), pp.251-268.

Susan, St. J.［2007b］, "New Zealand's Experiment in Tax Neutrality for Retirement Saving," *The Geneva Papers*, Vol.32, pp.532-552.

Susan, St. J.［2007c］, "Farewell to tax neutrality: the implications for an aging population," *The 15th Australian Colloquium of Superannuation Researchers: Financial Consequences of Longevity*, pp.1-33, Retirement Policy and Research Centre, The University of Auckland.

Susan, St. J., and Ashton, T.［1983］, *Private Pensions in New zealand: Can They Avert the Crisis?*, Institute of Policy Studies.

Susan, S. J., Littlewood, M., and Dale, M.C.［2014］, "Now we are six Lessons from New Zealand's KiwiSaver," *Working Paper, 2014-1*, Retirement Policy and Research Centre, The University of Auckland.

Yoo, K.Y., and Serres, A.［2004］, "Tax treatment of private pension savings in OCDE countries," *OECD Economic Studies*, No.39, pp74-110.

大田弘子［1990］,「年金課税改革の方向」, 宮島　洋編著『税制改革の潮流』, 有斐閣, 第9章。

厚生労働省［2014］,「資料2 企業年金制度の現状等について」第4回社会保障審議会企業年金部会提出資料。

芝田英昭［2007］,「ニュージーランド新年金制度『KiwiSaver』の導入が意味するもの」『賃金と社会保障』No.1453, 4－22頁。

篠原克岳［2013］,「年金課税の在り方について」『税大論叢』第77号, 1-68頁。

社会保障審議会企業年金部会［2015］,『社会保障審議会企業年金部会における議論

の整理』。

杉田浩治 [2015]，「確定拠出年金（DC）をめぐる世界の動き」『証券レビュー』第
　　55巻　第5号，126-157頁。

武田真理子 [1999]，「ニュージーランドの年金改革と高齢者生活」『海外社会保障研
　　究』No.126，48-61頁。

内閣府 [2011]，『高齢社会白書 平成23年度版』，印刷通販。

中川秀空 [2013]，「ニュージーランドの年金制度の現状と課題」『レファレンス』，
　　No.750，5-24頁。

鳴島安雄 [2009]，「年金制度の現状と今後の課税のあり方について」『税大ジャーナ
　　ル』，Vol.12，79-110頁。

新美隆宏 [2012]，「長生きには備えと支援が不可欠-長寿リスクは誰が負うのか」
　　『ニッセイ基礎研レポート』，2012-11-9。

野口悠紀雄 [1989]，『現代日本の税制』，有斐閣，第5章。

藤田晴 [1992]，『所得税の基礎理論』，中央経済社，第9章。

宮島洋 [1986]，『租税論の展開と日本の税制』，日本評論社。

# 第7章　長寿リスク・DC 型年金・年金税制※

──スウェーデンのケース──

馬　場　義　久

## Ⅰ．はじめに

### 1．課　題

　スウェーデンは1999年に公的年金の抜本的改革を実施し，それまでの確定給付型年金を確定拠出型年金（以下，DC 型年金と略称）に改めた。新年金は，基本的に個人の生涯拠出額によって年金受給額を定める方式である。改革理由の一つとして，長寿化・高齢化による年金財政の破たんリスクへの対応の強化があげられている。そして公的年金の改革にともない，スウェーデンにおける私的年金の中心的存在である職域年金も基本的に DC 型に改められた。

　さて，図表7－1は65歳の平均余命を日本とスウェーデンについて比較したものである。スウェーデンは2000年から2014年にかけて男性の平均余命が2.17

**図表7－1　スウェーデンと日本の平均余命の推移（65歳）**

| | 男　性 | | 女　性 | |
|---|---|---|---|---|
| | 日本 | スウェーデン | 日本 | スウェーデン |
| 2000年 | 17.54 | 16.69 | 22.42 | 20.08 |
| 2005年 | 18.13 | 17.38 | 23.19 | 20.6 |
| 2010年 | 18.74 | 18.21 | 23.8 | 21.03 |
| 2014年 | | 18.86 | | 21.48 |

〔出所〕　厚生労働省［2012］，2頁および Statistics Sweden［2016］より。

歳，女性のそれが1.4歳伸びている。さらに平均余命の水準も，2014年におい
て，男性が18.86歳，女性が21.48歳と，かなりのレベルである。

そこで本章では，公的年金・私的年金ともにDC型へ移行したスウェーデン
の年金制度と年金税制をとりあげ，長寿リスクをキーワードにして同国の年金
税制の長所と限界を明らかにする。本章では，以下の二つの視点から年金税制
を分析する。

第一に，長寿リスクをはじめとして，個人が直面するリスクに対する，DC
型公的年金における対応策の特徴を明確にする。DC型公的年金は，個人の年
金額が，当該個人の生涯保険料額によって決まる点が注目されている。しか
し，保険料の元本水準やその利回り如何によっては，年金額が，長期化する老
齢期の生活にとって不十分となるかも知れない。たとえば，失業や疾病のため
生涯勤労期間が短く，そのために元本積立が少額となり老齢期の最低生活費を
賄えなくなるかもしれない。さらに低利回りに直面したために年金額が不十分
になることもあり得よう。そこで，スウェーデンの公的年金制度が，個人が直
面するこれらのリスクにどう対応しているのかを見る必要がある。

第二に，長寿化にともなう年金財政の不安定化リスクに対する対応策の特徴
を明らかにする。長寿化が進行するとDC型公的年金においても，年金財政支
出の膨張が予想されるからである。

そして，以上述べた公的年金における二つのリスク対応策を明らかにした上
で，対応策と公的年金税制との整合性を検討する。

第三に，私的年金の中心的存在である職域年金をとりあげ，それに期待され
る公的年金補完機能を明らかにし，その補完機能と私的年金税制との整合性を
検討する。

すでに述べたように，DC型公的年金であっても，長寿化が進行するもとで
年金の利回りを確保しつつ，年金財政の安定化を図らねばならない。したがっ
て，DC型公的年金のシステムによっては，私的年金による補完も必要とされ
よう。そこで本章では，この補完機能に注目してスウェーデンの私的年金税制
の評価を試みる。

第7章　長寿リスク・DC型年金・年金税制　　149

　なお，同国の私的年金には職域年金の他に個人年金も存在する。しかし，後述するように，職域年金が私的年金の圧倒的部分であるので，本章では個人年金を捨象する[1]。また，公的年金および職域年金とも DC 型への移行期にある。すなわち，いまだ改革前の確定給付型年金の被保険者や受給者が多く存在する。しかし，本章では特に断らない限り DC 型年金を想定して年金税制のあり方を検討する。

　なお，本章では，1スウェーデンクローネ（以下 SEK）＝14円として円に換算する。この値が長期レートとされるからである。

## 2. 構　成

　そこで，本章の構成は以下のとおりである。Ⅱで，スウェーデンにおける公私の年金制度を概観する。次にⅢで公的年金の仕組みと特徴を整理する。その際に個人が直面するリスクと，年金財政不安定化リスクに対する公的年金制度における対応策に叙述の力点をおく。これを踏まえて，Ⅳで現行の公的年金税制の仕組みを明らかにし，その評価を試みる。そしてⅤで，職域年金に期待される役割，すなわち職域年金の公的年金補完機能を明確にし，それに基づき現行の私的年金税制を検討する。最後にⅥで，スウェーデンの年金制度と年金税制に関する分析から示唆されるわが国への教訓をまとめて，結びに代える。

# Ⅱ. スウェーデンの年金制度の概観

　1. スウェーデンの年金制度は図表7－2にみるように，公的年金と二つの私的年金，すなわち職域年金と個人年金からなる三層構造である。公的年金自体が，NDC とよばれる掛け金建て（DC型）賦課方式と積立方式，および最低保障年金とにわかれるが，図表7－2は NDC と積立方式のみのデータを示す。この二つは，しばしば一括して所得比例年金とよばれる。

　図表7－2によれば，保険料と給付では，公的年金がスウェーデンの年金制度において中心的地位を占める。たとえば，公的年金の保険料総額はスウェー

150 第7章 長寿リスク・DC型年金・年金税制

**図表7－2 スウェーデンの年金制度 2013年 10億SEK**

| 年金制度 | 保険料 | 資　本 | 年金給付 |
|---|---|---|---|
| 公的年金（NDC＋積立） | 263（61％） | 1473（42％） | 257（71％） |
| 職域年金 | 148（35％） | 1795（48％） | 86（24％） |
| 個人年金 | 18（4％） | 412（10％） | 19（5％） |
| 合　　計 | 429 | 4087 | 362 |

（注）　年金給付は65歳以上の者への給付のみ。
〔出所〕　Swedish Pension Agency［2015］, p.2より。

デンの年金制度全体の保険料総額の61％を占め，年金給付は71％に及ぶ。た
だ，公的年金の資本は全体の資本の42％であり，職域年金の48％より低い。こ
れは公的年金の主要部分であるNDCが賦課方式であることに基づく。なお，
職域年金が私的年金の圧倒的部分を占めていることも明らかである。

　2．職域年金とは別名協約年金ともよばれ，中心的には企業連盟と労働組合
との合意に基づく企業年金を指す。

　その第一は集団ベースの職域年金であり，4種類存在する。うち2種類が民
間企業連盟SAF（スウェーデン企業連盟）と労働組合中央組織の合意に基づ
く。この部分が，ⅰ．SAFとホワイトカラー労組PTKとのITP年金とⅱ．SAF
とブルーカラー労組とのSAF-LO年金とにわかれる。さらに，国家公務員と
地方公務員それぞれを対象とした集団ベースの職域年金がある。以上の集団
ベースの4つの職域年金は，当該勤労者の90％をカバーしている[2]。そこで本
章では，この集団ベースの職域年金をとりあげる。

　職域年金の第二のタイプは個別企業ベースのもので，個別企業主と個別企業
の労組が合意した協約年金である。本章では扱わない。

# Ⅲ. 公的年金制度とリスク対応

## 1. 所得比例年金のしくみ

　スウェーデンの公的年金の主要部分をなす所得比例年金，すなわちNDCと積立方式について基本的な仕組みを説明したい。この両者が所得比例年金とよばれるのは，保険料が勤労所得に比例し，かつ年金額（受給額）が基本的に保険料積立額に比例するからである。結局，年金額が在職時の勤労所得に比例することになる。なお，1954年生まれの者からフルにこの年金制度が適用される。

### （1）　掛け金額

　各人の掛け金額は，Pension Base とよばれる課税勤労所得に保険料率18.5%を乗じた金額である。保険料率18.5%のうち，16%がNDC，2.5%が積立方式の掛け金元本となる。

　Pension Base には労働の対価である労働所得のみならず，失業手当・疾病手当など，いわゆる課税社会保障給付，すなわち勤労所得税を課される社会保障給付をも含む。スウェーデンではこれらの諸給付は，勤労所得の転形と考えられているからである。

　この点，公的年金におけるリスク対応の制度としてきわめて重要である。失業や疾病に見舞われたときに付与される給付が，通常の労働所得と同様，年金権を与えるベースとされているからである[3]。なお，Pension Base は本人負担の年金保険料控除後の勤労所得である。

　Pension Base には上限値，いわゆる天井が存在する。この値は，後に職域年金の公的年金補完機能を見るとき重要な役割を果たす。

　上限値は，最大 Pension Base＝7.5×Income-Related Base Amounts，という式で毎年算出される。Income-Related Base Amounts（以下，IBAと略

称）は，スウェーデン独特のインデックスであり，主に賃金水準によって変化する。この IBA は，勤労所得税における基礎控除額や勤労所得税の国税適用所得水準，そして Pension Base の最大額等，勤労所得水準に依存する税・社会保障給付に影響を与える変数を決定する際に使用される。

2012年の IBA は54600SEK であるので，この年の最大 Pension Base は，

最大 Pension Base＝7.5×54600SEK＝409500SEK　　（A）

となる。ちなみにこの値は5733000円である，よって，最大の年金資産（元本）Pension Credit は，

最大 Pension Credit＝0.185×409500SEK＝75757SEK（＝1060598円）

となる。


### （2）　保険料の支払い義務者

①本人拠出分

保険料の支払い義務者は被用者本人と企業を基本にし，失業者などの場合は本人と国家が支払い義務者となる。国家が企業拠出分の代理を果たすわけである。このうち，本人拠出分は，この本人保険料控除前の勤労所得に対して7％賦課される。つまり，

本人拠出分＝0.07×（本人保険料控除前）勤労所得

となる。その天井額（最大額）を算出するために，式（A）の最大 Pension Base（保険料控除後基準）409500SEK を保険料控除前に修正すると

7.5／（1−0.07）＝8.07より，8.07×54600＝440622SEK となる。

したがって，これに7％を乗じた，0.07×440622＝30843SEK が最大保険料額となる。

図表7−3に見るように勤労所得，すなわち，基礎控除を超える勤労所得に対して，最初の1SEK から7％課される。勤労所得が440622SEK を超えても保険料額は増えない。

第7章　長寿リスク・DC型年金・年金税制　　　　　153

図表7－3　本人拠出の保険料（SEK）

〔出所〕筆者作成。

②企業拠出分

企業拠出分は，10.21％×勤労所得（個人年金保険料込み）で算出される。ここで，個人年金保険料控除後ベースの総保険料率18.5％を，保険料控除前に直すと0.93×18.5％＝17.21％となる。そのうち，7％が本人拠出分なので，企業は17.21％－7％＝10.21％を拠出しているわけである。重要なことは，この企業拠出分が青天井であることである。

図表7－4の75809SEKまでの保険料額が年金掛け金となり，年金受益権を与える。それを超える部分は，受益権を与えない「税」として徴収されるわけである。

なお，スウェーデンでは企業拠出分の保険料負担は，労働側に帰着すると認識されている。Anderson［2008］やSummers, Gruber & Vegasa［1993］に

図表7－4　企業拠出の保険料（SEK）

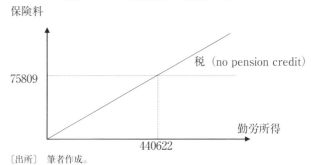

〔出所〕筆者作成。

よれば，理論的には，DC 型年金のように公的負担と受益が個人レベルで対応しており，かつ，スウェーデンのように，賃金と労働供給の決定が経営者連合と労働組合連合から選ばれた少数のプレーヤー（労使）の交渉に委ねられている場合，労働側は公的負担の使途を認識して，すなわち，公的負担の使途を内部化し，雇用量を変化させず賃金低下を受け入れやすいと考えられている。そこで本章でも労働側への帰着を想定する。

### （3） 掛け金の利回り

以上の掛け金元本に対して，次の利回りが付く。第一に，NDC の元本は勤労者一人あたり実質賃金成長率およびインフレ率でインデックスされる。ただし NDC は，後に説明するように賦課方式であるので，この利回りは「みなし利回り」である。掛け金そのものはその時点の高齢者の年金に使用され，利回りは現役世代に「約束した」値に過ぎない。第二に，積立方式の利回りは被保険者が選択したファンドの基準価格の成長率である。積立方式は個人口座方式であるので，ファンドの選択は被保険者の責任で為される。

### （4） 受給年金

次に年金の受給サイドを見よう。

①まず NDC である。

第一に，新規裁定額は受給者の平均余命に依存する。その基本式は，

年金額（年当たり）＝各人の掛け金残高（みなし利回り込み）／ $a$

である。ここで $a$ は，Annuity Devisor とよばれ，その値は年金を最初に受給する年の平均余命年数に依存し，当然，Birth Cohort によって異なる。余命年数の長い世代の年あたり年金を引き下げるための措置である。ただし，$a$ を算出する際に1.6％の利子率をつける。よって $a$ は平均余命年数よりは小さい値となる。

第二に，裁定後の年金は，掛け金と同様に，一人当たり実質賃金成長率およびインフレ率でインデックスされる。これは，平均的な年金の所得代替率，す

なわち，平均年金／現役の平均賃金を安定的に保つ仕組みである。ただし，このインデックスより，あらかじめ $a$ を算出する際に付加した利子1.6％を差し引く。利子1.6％は裁定後年金のインデックスを先取りする措置であるからだ。

第三に，年金は61歳から受給可能であり，これ以降であれば，年金資産の25％，50％，75％，100％のいずれかの比率で引き出し可能である。年金資産を部分的に引き出し，かつ勤労を続けても，わが国のような「年金支払い停止措置」は無い。また，退職時スウェーデン以外に居住しても年金を受給できる。年金がDC型であり，その点では自ら積み立てた「個人資産」の性格を持っているからであろう。

②次に積立方式の年金について述べる。

第一に，この年金も61歳から引き出し可能であり，NDCと同様，部分引き出しも認められている。つまり働いて保険料を納めつつ，受給することもできる。第二に，年金引き出しもAnnuity方式が主である。年当たり年金額はNDCと同様，請求される時点のコーホートごとの平均余命に依存する。第三に，退職時スウェーデン以外に居住しても年金を受給できる。

以上から，NDCとの大きな違いは，裁定後年金についてインデックスがなされないことである。

## 2．最低保障年金

以上の二つの所得比例年金制度では，年金額は各人の生涯掛け金総額によって決定される。最低保障年金は，所得比例年金だけでは老後の最低生活を確保できない階層のために設けられた制度である。いわば生涯を通じてのワーキングプア対策に他ならない。

図表7-5を参照されたい。横軸に保険料，縦軸に年金額を示している。t は保険料率，W は勤労所得を表す。保険料額 $tW^m$ によって決まる年金額が，公的年金における最大年金額である。NDC＋積立による年金額は，原則，この保険料 $tW^m$ までは保険料額に比例する。ところが，保険料 $tW^*$ 未満の者は老後の最低生活費—それは Mi の高さで示されている—より低い所得比例年金

### 図表7−5 公的年金の仕組み

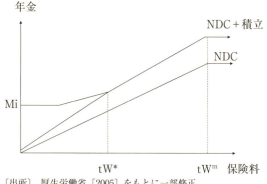

〔出所〕 厚生労働省［2005］をもとに一部修正。

しか受け取れない。この最低生活費と所得比例年金との差額を埋めるのが最低保障年金である。

つまり，最低保障年金＝最低生活費−[0.185×賃金×(1＋NDCみなし利回り)]で算出される。結局，最低生活費とNDCが18.5％の保険料（積み立て部分込）をとったとして得られる年金額との差額に等しい[4]。あくまで，生涯保険料額との差額支給であることに留意されたい。最低保障年金の財源は年金保険料ではなく一般財源が使用される。

最低保障年金を得るのに，保険料支払い以外のMeans Testは必要とされない。25歳以降スウェーデンに40年在住すると満額年金が得られる。在住期間が40年に満たないと1／40ずつ減額される。65歳から受給可能で，外国へ移住すると受給されない。この年金は「個人資産」ではなく給付であるからだ。

ちなみに，最低生活費（図表のMiの値）は単身者で7881SEK／月，110334円である。ペア（一人分）の場合7039SEK，98546円となる[5]。

## 3．リスクへの対応

以上説明した年金制度におけるリスク対応の特徴をまとめよう。最初に個人が直面する長寿リスクへの年金制度の対応をとりあげ，次に年金財政不安定化リスクへの対応策を整理する。

## （1）　個人が直面する長寿リスクへの対応

①公的年金制度における対応の中心は，強制貯蓄による個人名義DC型年金方式である。強制貯蓄という点で国家が介入するとはいえ，DC型年金であるので，各人の年金元本額は基本的に各人の生涯掛け金額に依存する。年金元本額が同一世代内の再分配や世代間の再分配に依存しない制度である。その限りにおいて長寿リスクに対して自立的対応を求めている。ただし，年金権を与える保険料額には上限が存在する。

そして，この自立的対応策には以下のような制度的工夫が為されている。

第一は，現役期間，すなわち掛け金支払い期における，失業リスク・疾病リスク，子育てなどへの対応である。失業給付や疾病給付を Pension Base に算入し，かつ通常の被用者のケースに企業が拠出している保険料を国家が代わって支払う。本人負担分は税込で与えられる各給付の7％が充てられる。

第二は，掛け金の利回りにおけるリスク分散である。すでに述べたように，NDC の利回りはスウェーデンの一人当たり賃金成長率である。つまり国内労働の価格上昇率である。他方，積立方式は外国ファンドの基準価格の成長率であり，外国資本の価格上昇率に他ならない。リスクの異なる資産に資金配分を行う措置である。ちなみに，1995年から2013年までの平均でNDC の名目利回りは2.8％であり，積み立て方式のそれは3.2％であった[6]。

第三の工夫は，NDC の裁定後年金のインデックスにある。すなわち，一人当たり実質賃金成長率およびインフレ率でインデックスされる。このことにより年金の所得代替率，平均年金／現役の平均賃金が安定的に保たれる。現役の賃金上昇が受給年金に反映されるよう工夫されている。

第四は，高齢期における勤労を促すよう，フレキシブルな年金受給開始年齢と年金受給比率の選択を認めている。年金は61歳より受給可能であり，それ以降，勤労しても「年金の支払い停止措置」はない。

しかも高齢勤労者の場合，勤労による掛け金の増加に比べて，これまで蓄積してきた既存掛け金の利回り分増加の方が掛け金残高の増加に寄与するので，低賃金・短時間労働でも働くことが有利となる。結局，フレキシブルな年金受

給開始年齢と年金受給比率の選択は，高齢期における勤労を促す政策と言え，生涯労働期間の自主的増加による長寿リスク対応を促しているわけである。

②上述が個人の長寿リスク対応の基本であるが，例外的にライフタイムプアの長寿リスクへの対応として最低保障年金制度がある。しかし，この制度も所得比例年金との差額給付と言うかたちで，自立的要素を取り入れている。なお，この最低保障年金を十分に受給できない高齢者（移民など）には別に高齢者扶助制度が存在する。


### （2） 長寿化による年金財政不安定リスクへの対応

次に，NDC 年金における財政不安定化リスクへの対応を整理しよう。NDC 年金は賦課方式であるので，長寿化や高齢化の影響を大きく受ける。平均余命が伸びれば各個人の年金受給期間が長くなるし，高齢化が進行すれば年金受給者が増大する一方，保険料収入の担い手が減少するからである。

さて，NDC における対応の基本は，現役の保険料率を多世代にわたり一定に保つことである。言いかえれば，長寿化に対しては，支出サイドの受給年金額を減額して，年金財政の安定を図るのが基本方針である。

①その第一は，すでに新規裁定年金額の算出制度で説明した。つまり，一年あたりの年金＝所得比例年金の掛け金残高／ $a$

における $a$ が，各世代の平均余命によって決められる。平均余命の長い世代ほど $a$ が大きくなるので，一年あたり年金が低くなる。年金受給者が長寿化による財政不安定のリスクを負うわけである。なお，この対応は積立方式でも為される。

②第二は，自動均衡装置によって，掛け金と裁定後年金のインデックスを調整し，年金受給額を減額する。

（ⅰ）最初にこの第二点が必要な理由を説明しよう。まず①の $a$ のみでは長寿化が引き起こす財政不安定には十分な対応ではない。なぜなら①は，新規裁定年金受取り時の平均余命のみを考慮しているからである。本来，掛け金のインデックスや裁定後年金のインデックスにもこの長寿化要因を組み込まない

第7章　長寿リスク・DC型年金・年金税制　　159

と，年金財政は安定しない。

　さらに，NDCの保険料率一定という対応と，年金財政の安定化が常に両立するわけではない。図表7－6を参照されたい。勤労所得をW，保険料率をtで表す。

　世代Ⅱは一人当り$t_2W_2$の保険料を支払い，それを第Ⅰ世代に給付する。賦課方式であるからだ。ところが，第Ⅱ世代は老後に$t_2W_2(1+r_2)$の年金が約束されている。ここで$r_2$は第Ⅱ世代のみなし利回りである。賦課方式であるがDC型であるためである。各世代の人数をL，人口変化率をn，賃金変化率をgとする。なお，gとnは小数である。

　年金財政の均衡条件は

　$t_2W_2(1+r_2)L_2 = t_3W_3L_3$となる。左辺が世代Ⅱへの年金給付総額であり，右辺は世代Ⅲが支払う保険料総額である。この式は

　$t_2W_2(1+r_2)L_2 = t_3W_2(1+g)L_2(1+n)$　に等しい。

　この式で$t_2/t_3=1$であればtが一定である。gnがゼロに近づくと想定すると，tが一定であるためには，$r_2=g+n$に設定することが必要である。

　ところが実際のNDCは，掛け金でも裁定後年金でもgのみをインデックスとしている。つまり人口変化率nを考慮していないのである。

（ⅱ）そこで理論的債務を，賃金合計額（一人あたり賃金×勤労者数）と，寿命の実際の変化によって生じる年金の債務と定義し，この債務を現実債務が上回ると自動的に年金インデックスを引き下げる措置を設けた。ここで自動的とは，年金インデックスの変更に政治過程を介入させないことを意味する。さ

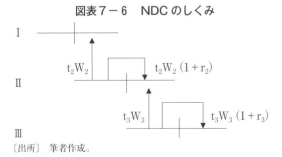

図表7－6　NDCのしくみ

〔出所〕　筆者作成。

らに，現実債務とは，実際に現役に約束した年金と年金受給者に約束した年金の合計額である。

つまり，BT（balancing ratio）＝年金の理論債務／年金の現実債務と定義し，もし，BT<1になると，賃金成長率という所得インデックスの代わりに，Balancing Index を用いる。たとえば，BT（balance ratio）が1から0.99になり，他方，Income Index（＝一人当り賃金の変化率）が100から104になったケースを想定しよう。この場合，Balancing Index＝$B_t$＝0.99×104.0＝102.96と算出し，年金の Index を $B_t$，すなわち2.96％とする。このようにして，年金の Index を所得インデックスより自動的に引き下げて，年金の現実債務を減らすわけである。

図表7－7は BT（balance ratio）の実際の推移を示す。表の「保険料資産」という項目が理論債務に該当し，他方，「年金債務」という項目が現実債務を示す。つまり，実際の BT は，旧年金制度から受け継いだバッファーファンドと保険料資産を加えた値と年金債務を比べている。同表によれば，最近2回ほど自動均衡装置が発動されている。

以上述べたように，自動均衡装置は，掛け金のインデックスおよび裁定後年金のインデックスの引き下げで，つまり，受給年金の引き下げにより財政安定化を図る措置である。

### 図表7－7　BT（balance ratio）の推移

| 計算年 | 09年 | 10年 | 11年 | 12年 | 13年 | 14年 |
|---|---|---|---|---|---|---|
| Balancing 年 | 11年 | 12年 | 13年 | 14年 | 15年 | 16年 |
| バッファーファンド | 827 | 895 | 873 | 958 | 1058 | 1185 |
| 保険料資産 | 6362 | 6575 | 6828 | 6915 | 7123 | 7380 |
| （小計）全資産 | 7189 | 7469 | 7700 | 7873 | 8180 | 8565 |
| 年金債務 | 7512 | 7367 | 7543 | 7952 | 8053 | 8141 |
| 黒字／赤字 | －323 | 103 | 157 | －80 | 127 | 423 |
| BT | 0.9549 | 1.0024 | 1.0198 | 0.9837 | 1.0040 | 1.0325 |

〔出所〕　Swedish Pension Agency［2014］，p.8より。

第7章　長寿リスク・DC 型年金・年金税制　　　　161

# Ⅳ．公的年金税制の検討

## 1．概観と考察の焦点

　図表 7 - 8 は公的年金税制の概要を本人と企業とに分けて示す。全体の基本は所得税方式でなく，いわゆる支出税方式 E（非課税）- E（非課税）- T（課税）であるが，本人拠出に税額控除を認めている点で，E-E-T より優遇しているタイプと言える。

　既述のように企業拠出分保険料の帰着は，労働側を事実上想定している。その場合，負担に見合った年金制度と整合的となる。また，企業拠出分保険料を被用者の「みなし所得」として扱わない。さらに，保険料は企業にとって人件費の一部なので，費用控除される。

　被保険者本人については，掛け金の税額控除措置，及び給付段階で年金を勤労所得として課税する点が印象的である。以下，本人に対するこれらの税制が，Ⅲで述べた公的年金におけるリスク対応策と整合的か否かを検討する。

## 2．掛け金段階の本人保険料税額控除について

### （1）　税額控除のしくみ

　①最初に，この税額控除方式の仕組みを所得控除方式と比較しながら説明する。なぜなら，通常 E-E-T 方式の場合，保険料の所得控除方式が想定されていること，さらに，スウェーデンでも1999年までは完全な所得控除方式であっ

図表 7 - 8　公的年金税制の概要

|  | 掛け金 | 収　益 | 給　付 |
|---|---|---|---|
| 本人 | 税額控除 | 非課税<br>（積み立て部分も） | 勤労所得として元本・収益課税（保障年金も） |
| 企業 | 費用控除 |  |  |

〔出所〕　筆者作成。

162　　第7章　長寿リスク・DC型年金・年金税制

たからだ。なお，2000年から2005年までは所得控除と税額控除の併用措置が採られ，2006年からフルに税額控除措置となった。

　所得控除方式での，税負担と保険料負担の合計を $T_y$，税額控除方式での負担合計 $T_t$ とし，W を本人分保険料控除前の勤労所得とする。なお W は保険料が天井に達する $W^m$ 以下と想定し，保険料以外の所得控除・税額控除を無視する。t は税率であるが，スウェーデンのこの制度では，地方勤労所得税の税率である。以上の想定のもとでは，以下の式が成立する。

$$T_y = t(W - 0.07W) + 0.07W = t(1 - 0.07)W + 0.07W \quad （B）$$
$$T_t = tW - 0.07W + 0.07W = tW \quad （C）$$

　所得控除は保険料0.07W を所得税の課税ベースから控除する方式である。つまり保険料0.07W に課税される所得税分，税を軽減する。これに対し税額控除は保険料を課税ベースから控除しない代わりに，保険料額全額を税軽減する仕組みである。

　両者の相違点は次の通りである。第一に，保険料控除前の勤労所得に対する限界税率の差である。税額控除の限界税率は t であるが，所得控除のそれは $\{t(1 - 0.07) + 0.07\}$ である。前者のほうが $0.07(1 - t)$ だけ低い。つまり所得控除から税額控除方式への変更は限界税率を $0.07(1 - t)$ だけ引き下げる。

　第二に，（B）と（C）の右辺の最後の式から明らかなように，所得控除は「保険料部分にかかる所得税は負担しないが保険料は負担する」方式である。他方，税額控除は「保険料部分にかかる所得税は負担するが保険料を実質的に負担しない」方式と言える。保険料はどちらも国税庁を通じて年金局に振り込まれるが，税額控除方式は保険料分税負担を軽減されているので，被用者にとって実質的な保険料負担は生じない。

　②ここで注目すべきは，現行の税額控除制度が，いわゆる給付つきでないこと，さらに，地方勤労所得税が保険料支払いを上回る被保険者全員に適用される点である。この点をスウェーデンの制度に即して説明したい。

　さて，2013年におけるスウェーデンの地方勤労所得税の税率（地方政府間の単純平均）は，31.7％である。税額＝0.317×（勤労所得－基礎控除）で算定さ

れる。後者の基礎控除は勤労所得水準によって変化する。低勤労所得層のケースでの最低控除額は18900SEK＝264600円である。前述のように，この所得水準までの所得稼得者は本人拠出分保険料を支払わないし，地方勤労所得税も課税されない。

そこで，18900SEK を超える所得階層で，給付付きになり得る勤労所得を $W^X$ とすると，$0.317(W^X-18900) \leqq 0.07 \, W^X$ より，$18900 < W^X \leqq 24256$ となる。ところが，現行制度は，これらの低所得層の本人保険料をフルに税額控除しないのである。ちなみに24256SEK＝291072円（年）である。ただ，$W^X$ に属する者の数は少ないと思われる。

より重要なのは，税額控除が $0.317 \times (W^Y -$ 基礎控除$) > 0.07 \, W^Y > 0$ となる被保険者全員に適用されることである。つまり，$W^Y > 1.283 \times$ 基礎控除となる者全員である。基礎控除は $W$ の水準によって変化するが，この不等式が成立しないのは基礎控除＝18900SEK と定められた $18900 < W^X \leqq 24256$ だけである。したがって，$W^Y > 24256$SEK となる勤労所得を稼ぐ者全員に提供される。税額控除の適用に所得上限値を設けていない。


### （2） 移行理由

所得控除方式から税額控除方式への移行は2000年より開始され，2006年に完全税額控除方式となった。つまり，2000年に保険料の25％を税額控除，75％を所得控除とし，以降，12.5％ずつ税額控除分を増やし，2006年に100％税額控除方式に移行した。

所得控除方式を税額控除方式に改めた理由は，2005年の政府見解によれば，第一に，労働供給の増加と労働参加の拡大，第二に，所得再分配の観点から低勤労所得者および中勤労所得者の平均税率の引き下げを目指す，と述べられている。そして，主たる政策目標は前者であり，特に低勤労所得者の労働供給増大が注目されている[7]。

労働供給の増加と労働参加の拡大を目指す背景として，低勤労所得レベルでの「高い限界効果の存在」があげられる。図表7－9は20歳から64歳に属する

者5034名を対象に限界効果を調査したものである。ここで限界効果とは，1単位の勤労を増加したときに増加する企業の支払賃金のうち，被用者の手取り増加にならない部分の割合を指す。この表は，各限界効果水準に属する人々の対生産年齢人口割合を示している。そして表の最後の平均欄は，生産年齢人口に属する者の平均的な限界効果を示す。たとえば2000年だと，ひと月に勤労所得（企業から見た人件費）を1000SEK増やしても，490SEKだけ保険料・税の増大，社会保障の減少が生じる。

　さらにこの図表7－9によれば，2000年では，限界効果が70％以上の者は全体の15％を占める。この15％の人を雇用タイプ別に分類したのが，次の図表7－10である。この表から限界効果が70％を超える者の79％は，失業者・生活保護受給者であることがわかる。逆にパートタイマーやフルタイマーの者は殆どいない。これは，失業者等の限界効果が税の増大だけでなく，低所得者が受給する社会保障給付の減少によって生じるからである。したがって税額控除政策

図表7－9　限界効果　1990年と2000年　20－64歳人口に対する比率（％）

| 限界効果% | 1991年 | 2000年 | 差 |
|---|---|---|---|
| 0－20未満 | 2 | 2 | 0 |
| 20－30 | 11 | 3 | −8 |
| 30－40 | 41 | 35 | −6 |
| 40－50 | 10 | 16 | 6 |
| 50－60 | 18 | 25 | 7 |
| 60－70 | 4 | 4 | 0 |
| 70－80 | 5 | 6 | 1 |
| 80－90 | 6 | 6 | 0 |
| 90－100 | 2 | 2 | 0 |
| 100% | 1 | 1 | 0 |
| 合　　計 | 100 | 100 | 0 |
| 平　　均 | 44.7 | 49 | 4.3 |

〔出所〕　Regeringskansliet［1999］，p.23，Tabell 5.1より。

第 7 章　長寿リスク・DC 型年金・年金税制　　　165

**図表 7 － 10　70％以上の限界効果に直面する人の雇用タイプ（％）**

| 雇用タイプ | 1991年 | 2000年 |
|---|---|---|
| 失業・生活保護者 | 80 | 79 |
| パート | 2 | 3 |
| フルタイム | 0 | 1 |
| その他 | 2 | 14 |

（注）　失業・生活保護者は 1 年に当該手当を 1 万 SEK 以上を受給した者。
〔出所〕　Regeringskansliet［1999］, p.23, Tabell 5.2より抽出。

によって労働供給の増加を図るのであれば，その主要ターゲットはこれらの低
所得者とすべきであろう。

## （3）　税額控除政策の問題点

　以上を背景にして，所得控除方式より限界税率が0.07(1−t) だけ低くなる
税額控除方式を採用したわけである。しかし，この政策転換はスウェーデンの
DC 型公的年金を前提とするかぎり，以下の問題点を持つ。

　第一に，上述のように，税額控除方式によれば，実質的に本人拠出分の保険
料負担を免れる。その意味で，保険料負担に見合った年金給付によって，長寿
リスクに対応するという DC 型年金制度の基本方針に矛盾する。保険料のう
ち，本人拠出分を事実上，一般財源で肩代わりしているからである。本来，年
金保険料の税制上の扱いは，年金制度の性格—たとえば個人に対する強制貯蓄
か，世代間の再分配かという—と整合的でなければならない。

　第二に，しかし，DC 型年金の一層の拡大にとって，低所得者に対する本人拠
出分保険料の負担免除措置は一定の意義を持つ。税額控除措置によって，低勤
労所得者や社会保障受給者の労働参加の拡大・労働供給の増大が実現すれば，
自ら保険料負担を担える者が増大し，DC 型年金制度の強化となるからである。

　既述のように，スウェーデンの年金制度においては失業者・疾病者など社会
保障受給者には，失業手当や疾病手当を勤労所得として Pension Basis に算入

し，本人負担の保険料を課し年金受給権を与えている。その際の企業拠出分保険料は国が肩代わりする。

税額控除方式によって，失業者や欠勤者が減少すれば，国の肩代わりによる企業拠出分保険料が文字通り企業持ちとなり，保険料の負担が賃金に帰着する限り本人の勤労所得から支払われ，本来のDC型年金の強化をもたらす。

ただ，現在のシステムはターゲットを低勤労所得層に絞っていない。税額控除適用に所得上限値を設定していないからである。その意味で，現行の税額控除方式は，限界効果の大きい対低所得者・社会保障受給者の労働供給増加対策としては，きわめて不効率であり，したがって，DC型年金の強化策としても不効率と言わなければならない。

## 3．収益段階での非課税措置

公的年金のうちNDCは賦課方式であるので，収益は「みなし利回り」であり，現実に発生していない。したがって非課税が妥当である。積立方式は現実に収益を生んでいるが，積立元本のウエイトが小さいこと―2.5％／18.5％―，さらにNDCの利回りが賃金成長率に依存していること，自動調整システムが発動する場合に，NDCのインデックスが引き下げられることを考慮すると，積立部分の収益を非課税にしてNDCの補完機能をより有効にする方が良いと思われる。また国際的にも公的年金の収益部分は非課税が多い。

## 4．給付段階での課税

（1）給付段階課税の特徴は，年金所得を特別扱いするのではなく，それを勤労所得として課税する点にある。そこで，最初に，以下の叙述に必要な限りでスウェーデンの勤労所得税制の概要を述べる。

勤労所得税額は，以下の式によって算出される[8]。なお，ここで税額とは，狭義の勤労所得税に本人保険料（＝0.07×勤労所得）を加えたものである。

税額＝税率×［勤労所得－基礎控除］＋0.07×勤労所得

　　　－｛0.07×勤労所得＋勤労税額控除｝　　　（D）

第7章　長寿リスク・DC 型年金・年金税制　167

　ここで重要なのは，第一に，上記の勤労所得が，労働所得と課税社会保障給付からなることである。労働所得は労働の対価であり，Active Income とよばれる。課税社会保障給付は年金，疾病手当，失業手当などからなる。したがって年金は，課税上，労働所得とともに勤労所得の一部として扱われる。

　第二に，式（D）における勤労税額控除は労働所得にのみ適用される。労働していれば年齢を問わず適用される。

　税率は3段階，すなわち，31％，51％，56％の累進税率である。31％は地方勤労所得税率の平均値である。それに20％の国税としての勤労所得税率を加えたのが51％，25％を加えたのが56％である。

　（2）次に給付段階の年金課税の特徴を抽出する。

　第一の特徴は，年金受給権のある高齢者の労働供給を促進する点である。ここでは，すでに65歳に達した年金受給者で全く勤労しない者と，逆に，年金を受給せず勤労を継続する者とを比較しよう。

　①年金受給者で全く勤労しない者の税額 $T_p$ は（D）より

　　$T_p$ ＝税率×［年金所得－基礎控除］　　（E）

である。勤労税額控除が適用されないことに留意されたい。

　②全く年金を受給せず勤労を継続する者の税額 $T_l$ は，

　　$T_l$ ＝税率×［労働所得－基礎控除］＋0.07×労働所得－｜0.07×労働所得

　　　　＋勤労税額控除｜＝税率×［労働所得－基礎控除］－勤労税額控除　　（F）

である。

　基礎控除は年齢と勤労所得水準のみに依存するので，両者の所得水準が等しい，すなわち年金所得＝労働所得と想定すると $T_l$ の方が勤労税額控除だけ低くなる。

　ちなみに，65歳以上の勤労税額控除は以下のように決められている。ただし，この税額控除も給付付きではない。本人保険料税額控除と合わせて，地方勤労所得税支払い予定額が上限となる。

　X 税額控除に適用される労働所得（基礎控除前）

　S 税額控除額

1．X≦100000SEK

S=0.2X

2．100000＜X＜300000SEK

S=15000SEK+0.05X

3．X≧308000SEK

S=30000SEK

　以上の税制は，高齢者，とりわけ低年金者の労働供給を促すといえる。年金所得を勤労所得に含め特別扱いしないだけでなく，むしろ労働所得に対して勤労税額控除を認めているからである。勤労税額控除により限界税率は5％から20％低下し得る。

　このような年金の給付段階課税は，Ⅲの「個人が直面する長寿リスクへの対応」で紹介した，年金制度における高齢者の労働供給促進政策，すなわち，フレキシブルな年金受給始年齢の選択と受給年金比率の選択と整合的である。

　ただし，勤労税額控除に所得制限を設けずすべての高齢勤労者に認めていること，給付つきでないことは再考の余地がある。

　（3）さらに，給付段階課税の第二の特徴は，実態的に，低年金者も課税を免れない，広く厚い負担構造をもたらしている点である。

　図表7-11は2013年について，65歳以上の勤労所得階層別負担率（％）の実態を算出したものである。すなわち，法定上の負担率でなく所得分布に基づく実際の負担実態である。なお，65歳以上の勤労所得であって年金所得のみを示すわけではないが，大半が年金所得であるので，負担率の実態をかなりの程度正確に示すと思われる。横軸は課税前所得を示す。

　低所得である課税前所得101000SEK（個人141万4千円）から，負担率はすでに15.9％であり，やがて，課税前所得の中央値189000SEK（264万6千円）に至ると，負担率は22.1％となる。その後，しばらく20％台が続き，484000SEKから負担率は30％を超える。国の勤労所得税の負担―超過累進税率の適用が始まるからである。そして最高所得1629000SEKにおいて負担率は45.9％に及ぶ。

　ちなみに図表7-12より，30％を超える負担率となるのは65歳以上人口の上

第7章 長寿リスク・DC型年金・年金税制　　169

**図表7−11　65歳以上の勤労所得階層別負担率の実態　2013年**

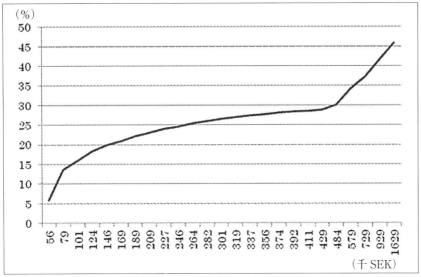

〔出所〕　www.statistikdatabase.scb.se より筆者算出。
　　　　及び Skatteverket [2014b], pp.10-11. より筆者推計。

**図表7−12　65歳以上負担率の分布　2013年**

|  | 人　数 | 割合％ |
|---|---|---|
| 0 | 50137 | 2.6 |
| 10％未満 | 19627 | 1 |
| 10−20未満 | 597359 | 30.5 |
| 20−30未満 | 1161599 | 59.3 |
| 30−40未満 | 112883 | 5.8 |
| 40％以上 | 17174 | 0.8 |
| 全　体 | 1958779 | 100 |

〔出所〕　図表7−11と同じ。人数は税負担ゼロの者も含む。

位約6.6％であり，40％を超える負担率となるのは上位0.8％ほどである。これに対して，高齢者の59.3％は20％以上30％未満の負担率に属する。広く多くの高齢者から着実に税を集めることを基本にしたうえで，超過累進税率を加味し

170 第7章　長寿リスク・DC型年金・年金税制

た税制である。

　所得控除の種類が限定されていること，出発税率が31％（地方勤労所得税率
の平均）という高水準であることが，以上のような結果を生んでいる。負担率
20％から30％という水準は高齢者にとってかなり高いが，これが地方勤労所得
税の負担率であることに留意されたい。スウェーデンの地方政府はランドス
ティング（県に該当）とコミューン（市町村に該当）からなるが，これらの地
方政府の支出の中心は医療・介護・福祉など現物社会保障支出と教育である。
高齢者の大半は，自ら受益する現物社会保障給付の負担として，年金から勤労
所得税を支払っているわけである。

　（4）①給付段階課税の第三の特徴は，法定上，勤労世代の勤労所得税負担
率に比べて，年金受給者の方が高い負担率となることである。図表7-13はこ
の点を示す。この表は勤労を全くしない65歳以上の年金生活者と，65歳未満の
現役世代の勤労所得税負担率（＝対勤労所得比）を勤労所得水準別にみたもの
である。ここで勤労所得は企業拠出の社会保険料控除後，本人拠出年金保険料
控除前の所得である。なお現役世代は，本人保険込みの負担とそれを除いた負
担の双方を示した。

　すなわち，

　保険料込負担＝地方勤労所得税＋国の勤労所得税＋本人保険料

　　　　　　　－本人保険料税額控除－勤労税額控除

　保険料を除いた負担＝地方勤労所得税＋国の勤労所得税

　　　　　　　　　－本人保険料税額控除－勤労税額控除

である。なお勤労所得税は地方，国とも税額控除適用前の値である。
年金生活者と現役勤労者（保険料込み）とを比べると，勤労所得5万SEK以
外のいずれの階層でも，年金生活者の負担率の方が高い。年金生活者の税負担
を $T_p$，現役の税負担を $T_y$，とすると，式（E）と式（D）から

　$T_p$＝税率×［年金所得－基礎控除］

　$T_y$＝税率×［労働所得－基礎控除］－勤労税額控除

となる。それぞれの課税前所得で両辺を割ると負担率は

第7章　長寿リスク・DC型年金・年金税制　　　171

**図表7−13　勤労所得階層別勤労所得税負担率（法定）　2013年**

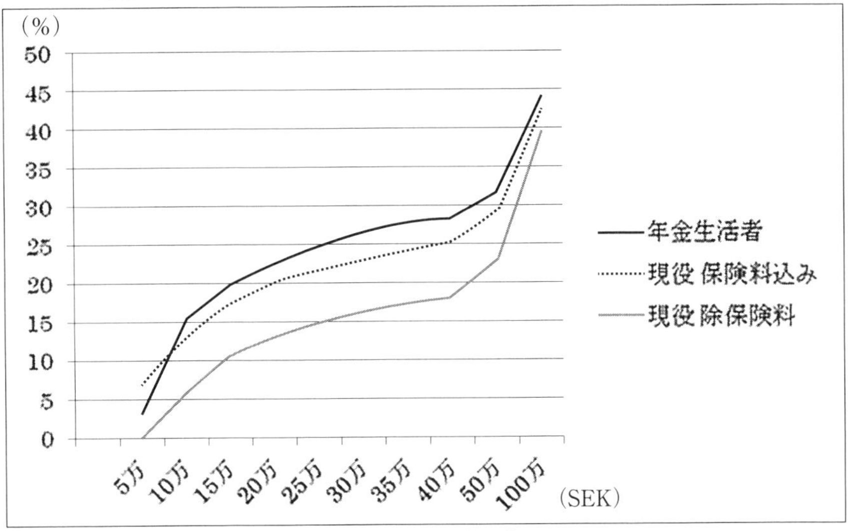

（％）

年金生活者

現役 保険料込み

現役 除保険料

（SEK）

〔出所〕　Skatteverket［2013］, p.129, Tabell 7.17より筆者算出。

$T_p$／年金所得＝$t_p$×［1−基礎控除／年金所得］

$T_y$／労働所得＝$t_y$×［1−基礎控除／労働所得］−勤労税額控除／労働所得

となる。ここで$t_p$, $t_y$はそれぞれの税率である。

　各所得水準別に比較しているので，年金所得＝労働所得とおくと，負担率格差は，基本的には勤労税額控除／労働所得によって生じることがわかる。そのため，年金生活者の負担率の方が高くなるわけである。

　ただ，厳密には，図表7−14に見るように基礎控除は65歳以上（図の基礎控除1）が65歳未満の基礎控除2より寛大なこと，そしてそれぞれの控除水準が所得額に依存する。この基礎控除の差と，現役の税額控除が給付つきでないことから，図表7−13において，50000SEKの所得については年金生活者の負担率の方が低くなっている。また，40万SEKを超えると，税率が累進的になり（国税部分），基礎控除の違いによる課税所得の差によって若干$t_y$＞$t_p$となることと，両基礎控除の差が小さくなるため，負担率格差が縮小している。

　要するに，基本的には年金生活者の負担率の方が現役のそれより高いが，こ

### 図表7-14 基礎控除 2013年

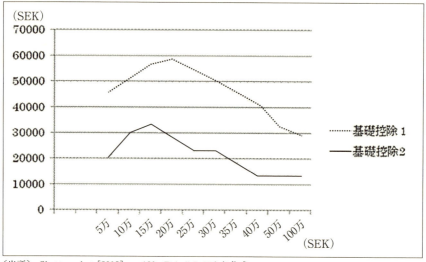

〔出所〕 Skatteverket [2013], p.129, Tabell 7.17より作成。

のことは年金所得を労働所得に比べて，課税上優遇していないことに基づいている。この点，わが国の給付段階における年金税制と異なる。なおスウェーデンにおける基礎控除の優遇は所得の種類によらず，あくまで年齢，すなわち65歳以上か否かによる。

②以上は，法定上の世代間負担率を比べた。これに対して，図表7-15は現実の世代間負担率を，時系列的に示す。ここでの負担率は現役世代と退職世代，それぞれの世代の平均負担率の実際の値である。ここで現役世代は18-64歳を，退職世代は65歳以上を指す。

すなわち，負担率＝（勤労所得税＋年金保険料－保険料税額控除－勤労税額控除）／査定所得，であり

　査定所得＝課税前勤労所得－通勤費控除－個人年金保険料控除

である。

この査定所得は基礎控除前であることに留意されたい。したがって上限値つきの通勤費控除と個人年金保険料控除を無視すると課税前所得と同一となる。他

第7章 長寿リスク・DC型年金・年金税制

図表7-15 世代間負担率%

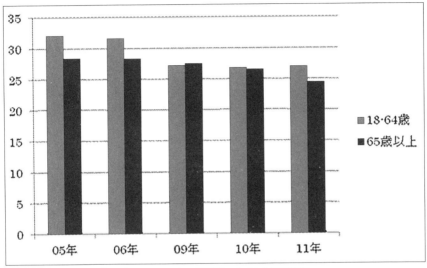

〔出所〕 Skatteverket [2007]~Skatteverket [2013], ch.7より筆者算出。

方，実際の数字は両者を考慮に入れた値なので，課税前勤労所得が同額である場合，18-64歳の負担率の分母が65歳以上のそれより低くなる。その点に関する限り18-64歳の方の負担率を引き上げることになる。

図表7-15によると現役の負担率の方が若干高いが，退職世代との差はそう大きくないのが印象的である。2009年と2010年はほぼ同一の負担率である。勤労税額控除を多く受ける現役の負担率が高くなるのは，主に課税前所得の平均値が退職世代より高いことによると思われる。

## V．職域年金による公的年金の補完と年金税制

### 1．しくみ

（1）次に職域年金をとりあげる。本章では集団ベース型のうち，特に以下の民間企業の被用者向けの制度を紹介する。

①ITP（民間ホワイトカラーを対象） 2007年1月より，給付建てからDC型へ移行した。すなわち，ITP$_1$とよばれる年金制度であり，これは，1979年以降生まれの者及び2006年以降加入した企業の被用者を対象としている。なお，1978年までの生誕者は依然としてITP$_2$とよばれる給付建て方式である。

②SAF-LO（民間ブルーカラーを対象）2000年1月よりDC型へ移行した。

（2）その仕組みをNDCとの関係に注目しながら整理する。

①保険料率

第一に，NDC保険料の定率適用部分，すなわち7.5×IBAまでの勤労所得440622SEK，に対して4.5％の保険料を課す。NDCの定率部分の保険料を上乗せするわけである。

第二に，7.5×IBAを超える勤労所得に対して，30％の保険料を課す。つまり勤労所得をXとすると（X－440622）に30％を課す。NDCの保険料が天井となる部分の保険料上乗せである。なお図表7－16にもとづくと2012年の440622SEKを超える勤労者は，上位の約26％に該当する[9]。

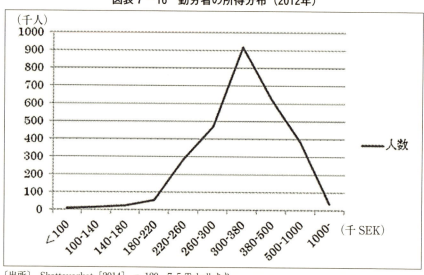

図表7－16　勤労者の所得分布（2012年）

〔出所〕　Skatteverket［2014］，p.120，7.5 Tabellより。

たとえば，上記の X＝546000SEK としよう。この値は企業の保険料費用控除が認められる最大所得である。この場合，当該勤労者の保険料総額＝440622×0.045＋（546000－440622）×0.3＝19828＋31613＝51411SEK となり，第一の NDC 対応部分だけの勤労者（勤労所得440622）の19828SEK の約2.59倍となる。結局，この職域年金制度は所得の高い勤労所得者を中心対象とする制度と言える。

②上記の保険料（掛け金）は企業が拠出する。そして，この保険料には勤労所得税が課されていない。

③25歳から事実上の強制加入であり，原則65歳になる前月まで保険料が支払われる。また，65歳以降も会社と被用者が合意すれば可能である。

④勤労者は掛け金の投資先，すなわち，保険会社を選択し，あわせて，投資方法である伝統的年金保険か変額保険年金かを選択する。なお，ITP$_1$では掛け金の半分以上を伝統的年金保険に振り向けなければならない。SAF-LO では，この種の規制がなく自由な投資選択が認められている。なお，伝統的年金保険は，最低年金を保障するタイプであり，保険会社が投資を担う。最低年金のレベルは保険会社によって異なる。しかし，保険会社の選択自体は被用者の責任である。変額保険については，勤労者がファンドマネージャーを選択し投資の責任を負う。

⑤年金引き出し

年金の引き出しは55歳（早期引き出し）から可能である。また部分年金の選択もできる。引き出しの種類について，死亡時までの Annuity（分割給付）又は期限付きの一括給付（最短5年間）を選べる。

## ２．職域年金に期待される公的年金補完機能

上記から職域年金は，中心的には，公的年金における保険料の Ceiling 部分で決定される年金額の上乗せ機能を，期待されていることがわかる。公的年金では年金元本の増加とならない保険料（掛け金）＝所得の部分に，職域年金を適用することによって，年金元本の増大を図るわけである。これに Ceiling 部

分までの保険料上乗せが加わっている。

また，職域年金の掛け金のインデックスは，利子率または資本の成長率であるので，収益部分に対しても補完機能を持つ。NDC のインデックスが賃金成長率であるからだ。言い換えれば，公的年金における積立部分が担っている役割の補完を担っているわけである。より具体的には，以下の二つが考えられる。

第一に，賃金成長率自体が低いケースの NDC 利回りを補完する。

第二に，NDC の自動調整システムが発動するケースによる利回りの低下を補う。既述のように，このシステムは，賃金総額の変化率でインデックスされる理論的債務を基準にして，財政的安定性を目指す。賃金総額を WL＝一人当たり勤労所得×被用者数とすれば，その変化率は $\Delta W／W＋\Delta L／L$ であり，$\Delta L／L<0$ の時，NDC 年金のインデックスは $\Delta W／W$ より低く設定される。職域年金のインデックスは利子率または資本の成長率であるので，自動調整システムが発動する場合の掛け金利回りの低下を補償し得る。

## 3．税制は職域年金の役割と整合的か

### （1）概　略

図表 7 − 17は職域年金税制の概略を示す。保険料はすべて企業拠出である。本人拠出はない。いわゆる E-T-T タイプの一種であり，年金基金の収益段階で課税する点が公的年金税制と異なっている。給付段階については公的年金税

**図表 7 − 17　職域年金税制の概略**

| | 掛け金 | 収　益 | 給　付 |
|---|---|---|---|
| 被用者 | 非課税<br>賃金とみなさず | 15%<br>保険会社* | 勤労所得として課税 |
| 企　業 | 法人税の費用控除（制限付）<br>特別賃金税24.6% | | |

（注）　収益課税の納税義務者は保険会社である。

〔出所〕　Svenskt Näringsliv〔2014〕，p.19にもとづき筆者作成。

制と同様に勤労所得して課税されるので，本項では略述にとどめる。

### （2）掛け金段階の課税

①企業拠出による被用者への掛け金は，個人所得税課税前のフリンジ・ベネフィットの一種であるが，それをみなし賃金として扱わず非課税とされる。これは所得タイプ年金課税方式のうち，いわゆるブループリント方式を適用したものである[10]。

②企業については，第一に，掛け金は総賃金の35％までは法人税の費用として控除される。しかし，個々の被用者（一人当たり）に対しては，IBA（所得基礎額）の10倍（2012年だと546000SEK）までの所得に課される掛け金を，費用控除の上限とする。ちなみに，この所得を超える者の比率は13.6％である[11]。費用控除の制限により，極めて勤労所得水準の高い者への職域年金適用を抑制しようとするねらいである。

第二に，掛け金に対して24.26％の特別賃金税が課される。課税理由は，通常の賃金には，企業持ちの31.48％の社会保険料が課されるためである。ただし，特別賃金税は社会保障受益を与えない一般税である。図表7－18に見るように通常の賃金に課される社会保険料は青天井であり，その途中の$w^*$に対応する社会保険料までしか受益権を与えない。図の$a$の部分は一般税として使用される。掛け金に対する特別賃金税はこの$a$の役割を果たす。

なお，特別賃金税率＜社会保険料率なので，24.26％以上の税率に直面する

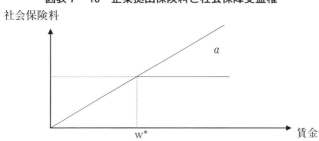

**図表7－18　企業拠出保険料と社会保障受益権**

〔出所〕筆者作成。

178　　　　　第7章　長寿リスク・DC型年金・年金税制

勤労所得者に，現金の賃金から職域年金への所得シフトを促すという意見があ
る[12]。

## （3）　収益段階の課税—15％のみなし課税

①年金基金の運用益は，その発生段階で課税される。いわゆる所得税主義の
年金課税の考え方の一種である。

　まず，納税義務者は保険会社であって年金加入者ではない。課税ベースは，
その年初の年金基金総額×みなし利子率＝みなし収益である。みなし利子率は
国債の利回りを採用している。

　そして，このみなし収益に15％の税率が課される。周知のように，二元的所
得税では一般金融商品は実現収益に30％の税率が課される。職域年金について
は，法定税率を一般金融商品の1／2に設定しているわけである。その意味で
は所得税主義の年金課税とはいえ，包括的所得税ではなく二元的所得税を前提
として，さらに後者より低率の収益課税を行うシステムである。

　保険会社への課税であるが，実質個人課税の代理を目指している。二元的所
得税での資産所得税そのものが資産所得間と投資家間で30％の均一税率である
ので，均等な限界税率の半額課税を課しているわけである。

　この15％という税率水準については，以下のように，課税の中立性の観点か
ら批判が為されている。

　第一に，Bergström, Palme & Persson［2010］らは，25歳から職域年金に
加入し，年金基金が資産運用し57歳から引き出すケースと，個人が同年齢に直
接金融資産を購入するケースの資産価値を，シミュレーションにより比較して
いる。利子率などの変数は歴史的データによる。その結果，職域年金はス
ウェーデンの株式ファンドを個人購入する場合の1.4倍の資産価値を持つとい
う。そこで，彼らはこの事態を課税の中立性侵害とし，15％の税率を27％へ引
き上げることを提言した[13]。なお，27％という値は，個人が購入する民間の養
老保険（資本保険と呼ばれている）の基金収益に適用される法定税率である。

　第二に，Sørensen［2010］は，スウェーデンの資産所得税制における問題

点として，職域年金収益の軽減課税が，通常の金融貯蓄と職域年金との資産選択行動へ与える効果をとりあげ，それによるディストーションの大きさを推計している。ここで重要な役割を果たす限界実効税率は，両貯蓄における課税前収益率を $r$（5％），インフレ率を $\pi$（2％）と置き，

　　職域年金収益の限界実効税率　　$t^i = 0.15(r + \pi) / r$

　　金融貯蓄の限界実効税率　　$t^s = 0.3(r + \pi) / r$

とし，$t^i$ を21％，$t^s$ を42％としている。

　そして限界実効税率格差によるディストーションは無視できない大きさであり，そこから年金税制の改革＝収益課税の税率引き上げを求めている[14]。

　他方で，他の多くの国々では年金の収益は非課税であり，現行税制のもとでのスウェーデンにおけるディストーションは他国より少ないとして，一定の評価をも行っている[15]。

　②上記の批判に対する筆者の見解は，以下のとおりである。

　第一に，DC 型公的年金は，長寿化リスクへの対応や NDC の財政的安定のために，年金受益者サイドの調整を求めている。この種の公的年金調整策に対し，職域年金の補完機能が必要と考えられ，職域年金収益の軽減課税政策には一定の根拠がある。課税の中立性のみで，年金税制を判断するのは妥当ではない。

　第二に，職域年金は，他の金融商品の購入のような任意の貯蓄とは，異なる側面をも持つ。たとえば，$ITP_1$ では半額以上は伝統的保険への投資を求め，さらに引きだし可能年齢を55歳以上，原則65歳以上という制限がある。Sørensen［2010］が想定するような，自由な資産選択行動のみを基準にすることの妥当性が問われる。

　第三に，Sørensen［2010］も述べているように，収益発生段階での課税は EU 内部で稀である。そのことから Diamond［2009］によれば，EU から，現行の ETT から EET への規制圧力，すなわち，収益段階の非課税措置採用の圧力の可能性もあると言う[16]。このような情勢の中で，スウェーデン一国が収益課税の一層の強化を打ち出すことは如何なものであろうか？

ただ第四に，職域年金の主要対象が上位所得者である点は，再検討の余地があると思われる。収益課税の軽減による利益が上位所得者中心になるからである，さらに，SAF-LOでは変額年金への自由な選択を認めている。職域年金における変額年金の内容が個人用の民間の養老保険に類似している場合，対個人との関係では，現行税制は不公平であろう。したがってそのような変額年金については Bergström, Palme & Persson [2010] の主張するように税率引き上げが正当化されよう[17]。当面，このような部分的改革にとどめるのが妥当と考えられる。

### （4） 給付段階の課税

この段階における税制の特徴は，第一に，職域年金も公的年金と同様に，勤労所得税として課税され，年金所得としての課税優遇制度がない点である。むしろ勤労税額控除を考慮すると，労働所得より重課される。高齢者の労働促進税制と言える。

第二の特徴は，これも公的年金と同様に，累進課税が適用される。勤労所得そのものが累進税制であるからだ。この点，職域年金のケースについて若干の問題を引き起こす可能性がある。職域年金は公的年金，とくに NDC と異なり，死亡時までの Annuity 又は期間限定の一括給付を選択できる。この場合，勤労所得税の累進課税は，年金資産の生涯保険か期間限定かという選択に非中立的となる。後者の場合の方の税負担が大きくなるからである。ちなみに Hagen [2015] によれば，一括給付（最短5年ものが中心）の選択割合は2008年の20％から2013年には31％になった[18]。ただし，引き出し者は完全な DC 型年金の受給者ではない。

しかし，年金の給付段階での累進課税は，年金受給階層での所得再分配作用を持つ。DC 型年金の場合，この特色は意義深い。なぜなら，年金額が生涯保険料によって決定されるからである。生涯保険料は勤労所得によって決まるが，人々の所得格差が勤労能力で決定されるならば，その代理指標として勤労所得が有効であり，その成果である年金所得に対する累進課税が正当化され

る。

さらに一括給付型は高齢者の過剰消費，すなわち，近視眼的な視野による現在消費を過大にする傾向があるとも言われている。生涯保険か期間限定かという選択に税制が中立的であるべきか否か，という論点自体検討されるべきである。

# VI．結び―わが国への教訓

わが国への教訓を抽出して本稿の結びに代えたい[19]。

## 1．公的年金制度におけるリスク対応

第一の教訓は，年金財政不安定リスクや個人の長寿リスクへの対応を，主として年金受益層に求めている点である。その際の大原則は現役の保険料率一定である。この点が，保険料引き上げで対応しようとする確定給付型賦課方式と大いに異なる。そうではなくスウェーデンでは，平均余命の長期化がもたらす年金財政不安定リスクに対して，裁定年金の年当たり年金をコーホート別の平均余命によって調整している。

しかし，スウェーデンの年金制度は，単に高齢者に年金受給額の調整を求めるだけではない。年金制度それ自体が，高齢者の勤労促進措置＝年金増額措置を含んでいることが重要である。高齢者が勤労を継続する場合，保険料支払いによる掛け金額の増加より，既存掛け金の利回り分増加の方が掛け金残高の増加に寄与するので，部分年金を選択し短時間でも働くことが有利となる。しかも部分年金受給による「年金の支払い停止措置」はない。さらに，勤労促進のために公的年金の受給開始時期の選択，部分年金の選択をフレキシブルにしている。高齢者自ら年金受給額を増額し，自己の長寿リスクに対応できるシステムでもある。

## 2. 公的年金と職域年金の役割分担

　高福祉国家といわれるスウェーデンにおいても公的年金だけでなく，それを補完する職域年金が存在し，しかも，職域年金が年金制度全体の中で重要な地位を占めていることが教訓的である。

　特に公的年金と職域年金の役割分担関係が注目される。つまり，公的年金はDC型であるが，賃金成長率を「利回り」とする掛け金型賦課方式を中核とする。しかもその「利回り」は，自動調整措置の発動により引き下げられる可能性が存在する。公的年金にもファンドの成長率を利回りとする積立方式も存在するが，そのウエイトは2.5％／18％と小さい。この公的年金における積立部分を補完するものとして職域年金が位置づけられる。職域年金はファンドの成長率が利回りであるからだ。職域年金が公的年金の限界に即した補完的役割を担っているわけである。しかもその普及率は被用者の約9割に及ぶ。

　スウェーデン以上に，公的年金の財政維持可能性に不安のあるわが国は，私的年金の役割とウエイトを再検討すべきであろう。

## 3. 年金税制

　年金税制の教訓として以下の三点が重要である。

　（1）第一に，本人保険料の税額控除措置についてである。この政策は，すでに述べたようにDC型公的年金の税制としてはふさわしくない。

　ただわが国の現状のように，公的年金が世代間移転をもたらしている場合には，保険料のかなりの部分は低所得の段階から課される社会保障目的税に等しい。そこで現役の負担，特に現役の低所得層の負担軽減策・再分配政策として，保険料の税額控除措置は検討の余地がある。低所得層の保険料負担の実質的軽減を図りつつ，年金受益権を積み上げる。現在の格差緩和ばかりでなく，将来発生するであろう格差をも緩和し得る。

　さらに，わが国の場合，将来世代の公的年金における所得代替率の低下が予想され，私的年金による補完機能が期待される。低所得者の私的年金加入促進

策として税額控除政策は検討に値する。

（2）第二に，職域年金の収益課税方式が注目されるべきである。スウェーデンでは，納税義務者を職域年金の保険料を支払う企業ではなく，保険料運営を担う保険会社とし，その基金残高×利子率を課税ベースとし，通常の金融資産収益に対する税率の半分15％を課している。この方式は，一種の発生ベース課税とはいえ，あくまで，年金収益を享受する加入者個人に対する課税の代理である。金融資産収益がもともと均一税率（30％）である点も，投資家の限界税率に即した軽減税率を実現し，職域年金の補完的機能をサポートできる。DC型年金では運用リスクは被用者が負うので，このような措置こそ妥当である。わが国のように企業型DC年金に，企業を納税義務者とする特別法人税を適用するのは不自然である[20]。

（3）第三に，年金の給付段階の課税方式がおおいに参考になる。まず，スウェーデンでは公的年金および職域年金双方を，受給段階で勤労所得として課税ベースに算入している。しかも勤労所得税が累進課税であるので，年金も累進課税となる。

この措置はDC型年金と整合的である。なぜならDC型年金額は生涯保険料によって決定され，生涯保険料は勤労所得の一定率であるからだ。掛け金段階での勤労所得税非課税措置を，受給段階での勤労所得課税措置で取り戻す措置にほかならない[21]。さらに，人々の所得格差が勤労能力で決定されるならば，その代理指標として勤労所得が有効であり，その成果である年金所得に対する累進課税が正当化される。

したがって，受給段階の年金所得に固有の控除制度は必要とされないし，事実存在しない。所得控除としては労働所得と共通の基礎控除があるだけである。このような制度によって，低中レベルの年金所得も確実に課税され，地方政府による現物社会保障給付の有力な財源となっている。さらに累進税制であるので世代内の所得再分配作用をも持つ。現役世代と年金世代との税負担の比較では，勤労税額控除によりむしろ現役層に有利な税制である。

これに対し，わが国では，同じく給付段階課税方式を採用していながら，年

金所得を給与所得とは異なる雑所得として扱い，年金所得固有の公的年金等控除を設けている。その結果，多くの年金が給付段階でも非課税となり，事実上E-E-Tより優遇している。受給年金に対して非課税・低率課税が支配的となり，世代内再分配も十分に実現しないし，年金受給に世代間移転が存在しながら，世代間税負担も年金生活者に有利である。

また，スウェーデンでの給付段階課税は，高齢者用の勤労税額控除制度にみられるように労働促進的であり，（1）で述べた公的年金の長寿リスク対応措置と整合的である。わが国の場合，高齢者（年金生活者）の労働を促進する税制は存在しない。

## 4．わが国の税制改革への含意

上で述べた給付段階課税におけるスウェーデンの長所は，同国の勤労所得税制そのものの帰結でもあることに留意すべきである。スウェーデンの勤労所得税は，年金を勤労所得の一部として課税することの他に，勤労所得税の所得控除がきわめて少ないこと，代わりに勤労税額控除が存在すること，勤労所得税の圧倒的部分が，課税勤労所得に対して均一税率の地方税であること，それを基本にしつつ，国税として累進部分を加味していること等などの特徴を持っている。

これらの特徴が年金税制における財源調達力・世代内再分配作用・現役に有利な世代間負担をもたらしているわけである。したがって，わが国も年金税制改革にあたり，勤労所得税制（住民税を含む）自体の改革をも視野に入れることを望みたい。

※　本章は，2014年度早稲田大学特別研究期間制度による研究成果の一部である。

## ［注］

1）　スウェーデンの年金税制については個人年金も含めて，馬場［2011］で簡単に紹介した。本章

## 第7章　長寿リスク・DC 型年金・年金税制　　185

は，公的年金のリスク対応機能や，公的年金と職域年金の役割分担関係を具体的に明確にした上で
年金税制のあり方を論じる。

2）　Hagen, J［2015］p.553による。

3）　この他に注目すべき措置として Child Care Credit がある。Palmer. E［2000］p.16によれば，こ
れは子どもが生まれて4年間，国が Child Care 'Eearnig' を与えて，その両親のいずれかの Pension
Base を補完する措置である。通常，当該期間の所得の低い親の方を補完する。

　　　Child Care 'Eearnig' は，以下の3つの算出方法から，もっとも有利と思うものを親が選べる。
第一は，すべての年金保険加入者の平均賃金の75％に等しい額を付加する，第二は，子どもが生ま
れる前の年の当該個人の賃金に至るまでを付加する，第三に，一人当たり賃金にインデックスされ
た一定額を付加する。

　　　第一は，子どもが生まれる直前に稼得ゼロの人をカバーし，第二は，子どもの生誕後，勤労を止
め，主として家庭で過ごす人をカバーし，第三は，職場に復帰する人をカバーすることを目標とす
る措置である。

　　　なお，失業手当や疾病給付，Child Care の Pension Base 算入・付加措置は NDC だけでなく積
立部分にも適用される。

4）　本来は NDC と積立部分とに分けて生涯保険料と利回りを算出するべきである。

5）　最低生活費の値は Swedish Pension Agency［2015］, p.24より。

6）　Swedish Pension Agency［2014］p.48より。なお，NDC の利回りは後述する自動均衡装置発動
後の値である。

7）　Regeringskansliet［2005］より。

8）　通勤費控除と個人年金掛け金控除を省略している。ともに上限値が設定され少額である。さら
に，個人拠出の公的年金保険料が天井額以下になる勤労所得水準を想定している。

9）　Skatteverket［2014a］p.120より筆者算出。

10）　藤田［1992］, 246頁より。

11）　Skatteverket［2014a］p.120より筆者算出。

12）　Bergström, Palme & Persson［2010］p.88.

13）　Bergström, Palme & Persson［2010］pp.83-87. より。

14）　Sørensen［2010］pp.243-249より。

15）　Sørensen［2010］p.249より。

16）　Diamond［2009］p.28より。

17）　実際に，2012年より職域年金における該当する変額年金に対しては，税率が民間の養老保険とと
もに30％に引き上げられた。

18）　Hagen［2015］, p.551より。

19）　以下では，現在のわが国への教訓の抽出に焦点を当てる。スウェーデンが直面する課題，たとえ
ば，年金受給者の他国への移動可能性と年金課税のあり方，職域年金と個人年金の関連などには触
れない。

20）　特別法人税は現在停止中である。なお，わが国の特別法人税の問題点について，國枝［2011］を
参照。

21）　ただし，実際は公的年金の本人保険料は課税されたうえで，本人保険料自体は税額控除される。

186 第7章 長寿リスク・DC 型年金・年金税制

たびたび指摘したように，この措置はスウェーデンのコンテキストでは問題である。受益段階への課税引きのばしであるなら，本来所得控除がふさわしい。

## [参考文献]

Anderson, T.M [2008], "The Scandinavian Model-Prospects and Challenges," *International Tax and Public Finance*, pp.45-66.

Anderson, T.M [2015], "How Should Pensions be Taxed? Theoretical Considerations and the Scandinavian Experience," *CESifo Working Paper*, No.5660, pp.1-28.

Bergström, A., M. Palme & M. Persson [2010], *Beskattning av Privat Pensionssparande*, Financedepartementet.

Diamond, P [2009], *Economic Globalisation and Swedish Pension*, Expert Report no.28 to Sweden's Globalisation Council.

Hagen, J [2015], "The Determinants of Annuitization : Evidence from Sweden," *International Tax and Public Finance*, Vol.22, Number4, pp.549-578.

Lindbeck, A & M. Persson [2003], "The Gains from Pension Reform," *Journal of Economic Literature*, Vol. XLI, pp.74-112.

Palmer. E [2000], "The Swedish Pension Reform Model : Framework and Issues," *Social Protection Discussion Paper*, No.0012, The World Bank, pp.1-49.

Regeringskansliet [1999], *Regeringens Proposition 1999/2000*, Bilaga 3.

Regeringskansliet [2005], *Regeringens Proposition 2005/06*, pp.120-121.

Settergren O [2001], "The Automatic Balance Mechanism of the Swedish Pension System," *Working Papers in Social Insurance*, Number2.

Skatteverket [2007], *Skattestatistisk Årsbok 2007*.

Skatteverket [2008], *Skattestatistisk Årsbok 2008*.

Skatteverket [2009], *Skattestatistisk Årsbok 2009*.

Skatteverket [2010], *Skattestatistisk Årsbok 2010*.

Skatteverket [2011], *Skattestatistisk Årsbok 2011*.

Skatteverket [2012], *Skattestatistisk Årsbok 2012*.

Skatteverket [2013], *Skattestatistisk Årsbok 2013*.

Skatteverket [2014a], *Skattestatistisk Årsbok 2014*.

Skatteverket [2014b], *Skatteuträkuningsbroschyren 2014*.

Statistics Sweden [2016], Life Expectancy 1751-2015.

第7章　長寿リスク・DC 型年金・年金税制　　　187

Summers, L, J. Gruber & R. Vegasa［1993］, "Taxation and the Structures of Labor Markets," *Quarterly Journal of Economics*, Vol.94, pp.385-411.

Svenskt Näringsliv［2014］, *Statutory and Collective Insurance Schemes for the Swedish Labour Market 2014*.

Swedish Pension Agency［2014］, *Orange Report-Annual Report of Swedish Pension System 2013*.

Swedish Pension Agency［2015］, *Orange Report-Annual Report of Swedish Pension System 2014*.

Sørensen, P.B［2010］, *Swedish Tax Policy : Recent Trends and Future Challenges*, Regeringskansliet, Ministry of Finance.

Valdes-Prieto, S［2000］, "The Finance Stability of Notional Account Pensions," *Scandinavian Journal of Economics*, vol.102, Number3, pp.395-417.

國枝繁樹［2011］,「税制と年金」,『年金と経済』Vol.29, No.4, 年金シニアプラン総合研究機構, 13-18頁。

厚生労働省［2005］,『スウェーデンの年金制度の概要』http://www.mhlw.go.jp/topics/nenkin/pdf/shogaikoku-sweden-pdf#search.

馬場義久［2004］,「スウェーデンの二元的所得税制─その到達点と日本への教訓─」証券税制研究会編『二元的所得税の論点と課題』日本証券経済研究所, 209-230頁。

馬場義久［2011］,「税制と年金」,『年金と経済』Vol.29, No.4, 年金シニアプラン総合研究機構, 24-32頁。

藤田晴［1992］,『所得税の基礎理論』, 中央経済社。

# 第8章　有価証券の減損リスクと課税

岩　﨑　政　明

## I．はじめに

### 1．問題の所在

　事業には様々な経営リスクが伴う。ここで経営リスクとは，事業経営に影響を及ぼす不確実性（uncertainty）のことをいうものとする[1]。この種の不確実性としては，たとえば，新規事業リスク，M&A リスク（のれんリスクも含む），投資有価証券の価格変動リスク，為替変動リスク，製品の品質リスク，原材料調達・品質リスク，海外展開リスク（政治・社会リスクも含む），災害リスク，風評リスクなどがある。これらの経営リスクが発現すると，法人においては，終局的には，自社発行有価証券の減価又は保有有価証券の（実現又は未実現の）減損というかたちで，ボディーブローのように事業体力を毀損していく。

　とりわけ，事業展開が国際化・多角化し，また M&A による企業結合が複雑に進められている今日においては，関連会社等の経営不振のあおりを受けて，突然に被合併法人に係る「のれん」に減損が生じ，当社発行の，又は当社保有の有価証券に減損が発現するおそれが高まっている[2]。たとえば，最近のトピックとしては，2014年にシェールガス開発投資について巨額の減損を計上する見通しを発表した住友商事[3]，2015年に米国原子力企業のウェスチングハウス社を M&A した際に計上したのれん価額に巨額の水増しがあったとされ

る東芝[4]，あるいはフィリピンの商業銀行セキュリティバンクへの巨額の出資について減損損失計上が懸念されている三菱 UFJ 銀行[5] などの例がある。

このような有価証券の減損をどのような条件の下にいつ実現させ，会社の利益や課税所得に反映させる制度をとるかは極めて判断の難しい問題である。容易に損失計上を認めれば，結果的に恣意的な納付税額の減少を可能にし，また逆に損失計上を厳しくすれば，粉飾決算を容易にしたり，会社ステークホルダーに損害を与えるおそれが生ずる。有価証券の減損処理基準は，企業会計についても，税務会計ないし法人税法に基づく課税所得計算についても，どのような制度が望ましいか決断が難しい。まずは，現行の減損処理の基準が適正なものといえるかどうか再検討する必要がある。

さらに，2014年7月に公表された国際財務報告基準第9号（IFRS 9 （International Financial Reporting Standards No.9）） に定める金融商品の減損処理基準が，IFRS を会計処理の基準として採用している企業については，2018年1月1日以後に開始する事業年度から適用されることとされている[6]。IFRS 9 の強制適用は，これまでも延期されてきているので，実施されるかどうかにつき不確定要因は残っているが，すでに IFRS に準拠した会計処理をしている企業もあるので，金融商品の減損処理基準の変更は実務に大きな影響を及ぼすものである（なお，早期適用は認められており，住友商事がすでに IFRS 9 に準拠した処理を行っている。）。

グローバル経済の広がりから IFRS により会計処理をする多国籍企業が増えると予想されるので，その会計処理の内容と，これに関する税務会計や法人税法との違いを正確に把握しておく必要がある。また，必要があれば，今後，法人税法を IFRS に対応するように改正していくかどうかも検討しなければならない。

## 2．検討する有価証券の意義と範囲

上記においては，明確な定義をせずに「有価証券」という用語を使用してきたが，実は，有価証券の意義についても，具体的にどのような証券が含まれる

のかという範囲や，さらには，類似する「金融商品」の意義・範囲は，学問分野や関連法規により，若干異なっている。本稿においては，税務に関する検討をする関係から，法人税法及びその前提とされている金融商品取引法における「有価証券」概念を取り上げるが，この両法の間でも，有価証券の範囲は若干異なっている[7]。

　法人税法2条21号は，有価証券の意義を，金融商品取引法2条1項に規定する「有価証券その他これに準ずるもので政令で定めるもの（自己が有する自己の株式又は出資及び法人税法61条の5第1項に規定するデリバティブ取引に係るものを除く。）をいう」と定めている。上記の政令で定める「有価証券その他これに準ずるもの」とは，具体的には，法人税法施行令11条所定の①金融商品取引法2条1項1号から15号までに掲げる有価証券及び同項17号に掲げる有価証券（同項16号に掲げる有価証券の性質を有するものを除く。）に表示されるべき権利（これらの有価証券が発行されていないものに限る。），②銀行法10条2項5号に規定する証券をもって表示される金銭債権のうち財務省令で定めるもの（具体的には，法人税法施行規則8条の2の4に定める，銀行法施行規則12条1号に掲げる譲渡性預金の預金証書（外国法人が発行するものを除く。）をもって表示される金銭債権をいう。），③合名会社，合資会社又は合同会社の社員の持分，協同組合等の組合員又は会員の持分その他法人の出資者の持分，④株主又は投資主（投資信託及び投資法人に関する法律2条16号に規定する投資主をいう。）となる権利，優先出資者（共同組織金融機関の優先出資に関する法律13条1項の優先出資者をいう。）となる権利，特定社員（資産の流動化に関する法律2条5項に規定する特定社員をいう。）又は優先出資社員（同法26条に規定する優先出資社員をいう。）となる権利その他法人の出資者となる権利，をいう。

　また，上記①にいう，金融商品取引法2条1項1号から15号に掲げる有価証券とは，（1）国債証券，（2）地方債証券，（3）特別の法律により法人の発行する債券（ただし，下記の（4）及び（11）を除く。），（4）資産の流動化に関する法律に規定する特定社債券，（5）社債券（相互会社の社債券を含

む。），（6）特別の法律により設立された法人の発行する出資証券（ただし，下記（7）（8）及び（11）を除く。），（7）共同組織金融機関の優先出資に関する法律に規定する優先出資証券，（8）資産の流動化に関する法律に規定する優先出資証券又は新優先出資引受権を表示する証券，（9）株券又は新株予約権証券，（10）投資信託及び投資法人に関する法律に規定する投資信託又は外国投資信託の受益証券，（11）投資信託及び投資法人に関する法律に規定する投資証券，新投資口予約権証券若しくは投資法人債券又は外国投資証券，（12）貸付信託の受益証券，（13）資産の流動化に関する法律に規定する特定目的信託の受益証券，（14）信託法に規定する受益証券発行信託の受益証券，（15）法人が事業に必要な資金を調達するために発行する約束手形のうち，内閣府令で定めるもの（具体的には，「金融商品取引法第二条に規定する定義に関する内閣府令」2条に規定するコマーシャルペーパー），をいう。

　さらに，企業会計及び税務会計においては，後述するように，これら法人税法上の有価証券について，法人の保有目的の如何により，さらに税務処理に違いが設けられているのである。

　本稿においては，まず，有価証券の減損処理基準について，日本の現行会計基準とIFRS 9基準との異同を整理し，次に，IFRS 9基準を採用した場合に，法人税法上の課税所得計算にどのような影響が出るかを検討し，そして，将来的にどのような制度設計をする必要があるかを探ることにしたい。

# Ⅱ．IFRSにおける金融資産の減損処理

## 1．有価証券の保有目的による分類と減損処理の原則

　従来の日本のいわゆる金融商品会計基準（企業会計基準委員会「金融商品に関する会計基準」（企業会計基準第10号）。以下，これを「日本基準」という。なお，金融商品については，このほか，会計制度委員会報告第14号「金融商品会計に関する実務指針」及び「金融商品会計に関するQ&A」があり，以下で

は必要に応じて引用する。）では，有価証券は，保有目的に応じて4つに分類され，それぞれ減損処理の方法が決められてきた[8]。

すなわち，①満期保有目的の債券（取得価格により計上。原則として評価替えをせず，償却原価法により評価。），②子会社・関連会社株式（取得価格により計上。ただし，例外的に減損処理あり。），③売買目的保有証券（期末に時価評価をして，評価差額をP/Lに損益計上。），④その他有価証券（期末に時価評価をするが，評価差額はB/Sの純資産に計上。損益認識はしない。），である。

これに対して，IFRS 9では，有価証券（ただし，IFRSでは金融商品といい，その範囲も有価証券とは若干異なるが，本稿の論述の対象にはあまり影響がないので，それには踏み込まないこととする。）の種類として，まず，満期保有の有価証券（株式・債券類）については，取得価格により計上し，償却原価法により評価する。他方，売買目的有価証券については，上記「その他有価証券」に相当するものを認めず，すべて①「純損益を通じて公正価値で測定される金融資産」（期末に時価評価をして，評価差額をP/Lに損益計上する。），②「その他の包括利益を通じて公正価格で測定される金融資産」（期末に時価評価をするが，評価差額はB/Sの純資産に計上する。損益認識はしないから，一旦資産に直入すると後に評価差益が生じたとしても利益に入れること（これを「リサイクリング」という。）はできなくなる。），③「償却原価で測定される金融資産」の3つに分類する[9]。

日本基準のような，いわゆる混合属性会計基準の長所は，経営者の意図に適うかたちで投資の成果を把握できることにあるのに対して，短所は，有価証券の保有目的が経営者の判断にゆだねられているため，投資の本来的な目的に照らすならば売買目的有価証券に区分されるべきものが，恣意的に，その他有価証券のような，時価評価差額の損益算入が必要でないカテゴリーに区分されてしまうことにあるといわれてきた[10]。

IFRS 9は，このような経営者の恣意性を排除する点において特色がある。それゆえ，IFRS基準への転換時においては，いわゆる持合株や戦略的投資株

のように，必要に応じて売却をして益出しをすることができるという保有目的と売買目的が混合している株式についても，保有目的か売買目的化を明確に区別し，一旦，保有目的に区分すると塩漬け投資になるリスクがあり，他方，包括利益を通じて公正価格で測定される金融資産に区分すると，資産直入でリサイクル不可となるから，投資の整理をする必要が生ずるといわれている[11]。

## 2．非上場・未上場・中小法人株式に係る減損処理の方法

　IFRS9によれば，日本における非上場・未上場・中小法人株式（子会社株式を含む）のほとんどは，区分②の「その他の包括利益を通じて公正価格で測定される金融資産」に分類されると考えられる。そうすると，期末に時価評価をするが，評価差額はB/Sの純資産に計上し，損益認識はしないことになる。すなわち，一旦資産に直入すると，後に評価差損益が生じたとしても無視されることになるから，減損処理も不要となる。

　反面，非上場・未上場・中小法人株式の価格についても，取得原価ではない公正価値による計上が求めれることから，この測定が難しい。IFRS13によれば，いくつかの公正価格の測定方法が定められている。この測定方法は，日本における財産評価基本通達に定められている評価方法に似ているが，その計算方法は相当に異なるので，留意する必要がある[12]。

## 3．金銭債権に係る減損処理の方法

　IFRS9によれば，事業上の債権債務は，償却原価により測定される負債性金融商品の一種として分類される。それゆえ，貸倒引当金の設定は，資産に係る将来キャッシュフローの減少に相当すると考えられるので，金融商品の減損の問題ととらえられている。

　日本基準では，金銭債権の減損処理（貸倒引当金の償却又は取崩）は，回収不能時に確定されるという発生損失アプローチ（又は「実現原則」）により測定されてきた。すなわち，債権が発生した段階で将来における貸倒が見込まれるとしても，客観的な事実が発生するまではそれを受取利息の配分計算に反映

しなかった。それゆえ，実際に損失が発生したときには，その時点の損益に大きく影響し，継続的な事業収益力や企業価値に一時的に大きな悪影響を及ぼすとの批判があった。

これに対して，IFRS 基準に適った我が国独自の会計処理の基準として，将来キャッシュフローの減少（すなわち，金融商品の減損）に係る測定方法に，期待損益アプローチを採用することが提案されている。これは，将来予想される貸倒損失をあらかじめ見積もったうえ，受取利子を少なめに配分しておくという方法である。この方法によれば，損失を貸倒発生時に一時に計上する必要がないので，事業収益力や企業価値の測定に悪影響が及ばないというメリットがあるといわれている。とはいえ，あらかじめ受取利子を少なめに配分するという方法自体測定が難しいし，将来の貸倒の確率が高い債権と低い債権を区別するのは難しいという問題もあり，日本としてどのような処理を選択するかの推移は不透明である[13]。

# Ⅲ．法人税法・税務会計における金融資産の減損処理

法人税法25条1項は，資産の評価益は原則として益金に算入しない旨を規定し，また，法人税法33条1項は，資産の評価損の計上を原則として認めない旨を規定している。それは，「法人税法が実現した収益及び損失のみを益金及び損金に算入することを原則としているから，法人が資産の評価換えをしてその帳簿価額を減額しても，その評価損は損金の額に算入されない」[14] からである。その根底にある考え方は，「資産の評価損は，所有資産の価値の減少，すなわち未実現の損失であるから，企業会計上も，法人税法上も，それらが採用している実現主義の原則からして，費用ないし損失に算入することは原則として認められない。それが認められるのは，別段の定めがある場合のみであり，法人税法33条2項は，まさにそのような別段の定めに当たるのである」[15] ということである。

しかしながら，他方，金銭債権等の評価損を損金に算入することが認められ

第 8 章　有価証券の減損リスクと課税　　195

るかどうかについては，「法人税法が，損失を，（1）損益取引に基づき実現した損失と，（2）所有資産の価値の減少という未実現の損失，という二つのカテゴリーに区分し，前者は当然に損金に算入され，後者は別段の定めがある場合にのみ損金に算入することを認めていることからすると，33条2項が金銭債権を除外しているのは，なんら部分貸倒れを否定する趣旨を含むものではなく，金銭債権の価値の減少の取扱いは33条2項の範囲内の問題ではなく，損益取引に基づく損失の問題，すなわち（1）のカテゴリーの問題として別個に検討すべき問題であることを確認的・注意的に限定したと解すべきである（なお，資産の価値が減少したか否か，どれだけ減少したかは評価の作用，つまり判断の作用であり，債権が貸倒れになったかどうかは，認定の作用，つまり確認の作用であり，両者は精神作用としての性質が異なることにも注意する必要がある）」[16) と解されており，この考え方を基礎とすれば，有価証券の減損処理が認められるかどうかも法人税法22条4項所定の「公正妥当な会計処理の基準」の解釈の問題として処理することが考えられよう。

　また，企業会計において，未実現の損益も，一定の範囲の金融資産及び金融負債については損益に計上すべきであるという時価会計への移行が進められてきたことから，これに応じて，法人税法の平成12年（2000年）度改正，同19年（2007年）度改正及び同22年（2010年）度改正により，デリバティブ等の特定金融商品の評価損益については益金又は損金に計上する例外が導入された[17)。

　法人税法61条の2以下（同61条の5以下に規定するデリバティブ等金融商品ごとの関連法令を含む。）に定める有価証券の譲渡損益及び時価評価損益に関する規定は，もともと平成11年（1999年）に定められた日本基準に対応して平成12年（2000年）度の法人税法改正により挿入されたものである。また，有価証券の評価損についての例外基準については，法人税法施行令68条，68条の2，法人税基本通達9-1-7等が定めている（さらに，国税庁「上場有価証券の評価損に関するQ&A」（2009年4月）もある。）。

　例外基準は，基本的には，有価証券の事業年度終了の時における価額（時価）がその時の帳簿価額のおおむね50％相当額を下回ることとなり，かつ，近

い将来その価額の回復が見込まれないときに，評価損を計上することができる「有価証券の価額が著しく低下したこと」に該当するというものである（法施行令68条1項2号イ，法人税基本通達9-1-7）。また，上記 Q&A によれば，監査法人の監査を受けている法人においては，上場株式の事業年度末における株価が帳簿価額の50％相当額を下回る場合，その株価の回復可能性の判定について一定の形式基準が策定されており，税効果会計等の観点から自社の監査を担当する監査法人から，当該基準が合理的なものと審査され，かつその基準を継続的に使用しているときには，当該基準に基づく損金算入が認められるとされている（Q2に係る「解答」を参照）。

　そこで，Q&A に基づき有価証券の減損処理を行った場合には，会計上の帳簿価額が税務上の帳簿価額を下回っていれば，その差額が税効果会計における将来減算一時差異となり，また将来回収可能性があると判断されるときには，繰延税金資産を計上することになる。他方，その後の時価の回復に伴う評価差益が発生したときは，将来減算一時差異を減額させる必要があり，さらに，この将来減算一時差異の減少に伴い，繰延税金資産の一部取崩をする必要が生ずる。

　しかしながら，これらの税務基準は IFRS 9 に整合するものではないから，IFRS に準拠する法人が今後増えていったときでも，税務基準としては評価差損益が実現するまでは課税所得の計算上は不認識とする原則を貫くのか，IFRS 9 により有価証券の減損が認められる場合に限定した税務処理基準として維持していくのか，あるいは全く新しい税務基準を策定する必要があるのかが検討課題になる。将来的な方向性としては，日本の現行法人税法のように，金融商品の個別的特性に合わせて評価損益を認識するという方法よりも，IFRS 9 により一般的に判断した方が不整合が生ずるおそれが少なくなるのでよいのではないかと考えている[18]。

## Ⅳ. おわりに

　本稿においては，グローバル経済の広がりからIFRSにより会計処理をする多国籍企業が増えると予想されるので，とりわけ，有価証券等の減損について，その会計処理の内容と，これに関する税務会計や法人税法との違いを正確に把握することを目的として，まず，有価証券の減損処理基準について，日本の現行会計基準とIFRS 9 基準との異同を整理し，次に，IFRS 9 基準を採用した場合に，法人税法上の課税所得計算にどのような影響が出るかを検討し，そして，将来的にどのような制度設計をする必要があるかを考えてみた。

　IFRSにおける資産価値の評価の原則は，公正価値評価である。これは，有価証券や金銭債権のようないわゆる金融資産についても変わりはない。これに対して，我が国の法人税法は，確定決算手続（同法74条 1 項），損金経理要件（同法 2 条25号）及び公正妥当な会計処理基準（同法22条 4 項）のすべての要件に適合し，キャッシュ・フローが実現しているとみなされるものでなければ益金・損金処理を認めないのが原則である。それゆえ，IFRS 9 及びそれに整合的に調整されるであろう日本の会計基準と，法人税法上の上記三要件との間には，非常に大きな乖離があるといわざるを得ない。当面は，日本の課税当局は，上記三要件の解釈の問題として，とりわけキャッシュ・フローの実現性を重視しながら，有価証券の減損について，個別的に是否認を判断していくものと推測される[19]。しかしながら，本文中で述べたように，IFRS 9 を選択適用した法人については，将来的には公正価値評価に基づく益金・損金処理を認めていく必要があるのではないかと思われる。

## ［注］

1 ）　riskの意義をuncertaintyと解することは，多くの学説において共有されている。中里実教授も「課税とリスク」租税法研究41号＜リスク社会と税制＞（2013） 2 頁以下において，David Hillson and Ruth Murray-Webster, Understanding and Managing Risk Attitude, 2 ed., 2007, p.5. を引用されたうえ，賛同されている。なお，租税法研究41号は，租税法学会の機関誌で，＜リスク社会と税

制＞を共通テーマとしてなされた学会報告を掲載している。中里教授による主報告のほか，宮崎綾望「ビジネス・リスクと税制」同25頁，藤谷武史「投資リスクと税制」同47頁，辻美枝「リスク社会における保険の機能と税制」同69頁，渡辺智之「災害リスクと税制」同95頁が収録されている。

2) 日本経済新聞2016年1月23日朝刊記事＜「のれん」残高24兆円に拡大，潜在的な減損リスクも＞参照。

3) http://www.bloomberg.co.jp/news/123-ND3LKT6JTSF001.html

4) http://business.nikkeibp.co.jp/atcl/report/15/110879/042200325/?rt=nocnt, http://toyokeizai.net/articles/-/115698

5) http://jp.reuters.com/article/mufg-ma-idJPKCN0US09320160114

6) IFRS 9の内容については，吉田康英『IFRS 9「金融商品」の構図』（同文館，2016）及びIFRS財団編，企業会計基準委員会・財務会計基準機構監訳『2014年版 IFRS国際財務報告基準PART A』（中央経済社，2015）279-375頁を参照。

7) 金融商品取引法2条1項所定の「有価証券」の範囲については，神崎克郎＝志谷匡史＝川口恭弘『金融商品取引法』（青林書院，2012）112頁以下，黒沼悦郎＝太田洋編著『論点体系 金融商品取引法1』（第一法規，2014）8頁以下，松尾直彦『金融商品取引法（第4版）』（商事法務，2016）51頁以下等を参照。

8) 有価証券の保有目的別分類に関する日本基準とIFRS 9との違いについては，米山正樹「金融商品」税務会計研究会（品川芳宣座長）編『企業会計基準のコンバージェンスと法人税法の対応（税務会計研究会報告書）』（日本租税研究協会，2011）207, 208-213頁。

9) IFRSと日本基準との対比については，あずさ監査法人報告書「IFRSと日本基準の主要な相違点（2016年4月時点）」36頁以降を参照されたい。https://assets.kpmg.com/content/dam/.../jp-ifrs-compared-to-japan-gaap-2016-05.pdf

10) 米山・前掲注8）209-210頁。

11) 米山・前掲注8）211-212頁。

12) 非上場株式の減損の方法については，次の解説を参照。帝国データバンクIFRS実務対応ケーススタディ第16回（2011年9月20日付）http://www.tdb.co.jp/knowledge/ifrs/2_16.html 及び吉岡昌樹「業績が悪化した子会社の会計処理」（2014年10月14日付）http://www.shinnihon.or.jp/corporate-accounting/accounting-practice/2014-10-14.html
　　さらに，小川枝律子「非上場株式の評価に係る会計上の取扱いと留意点」旬刊経理情報1459号（2016年）10頁，正路晃＝出口勝＝太田将善「非上場株式の評価に係る税務上の取扱いと留意点」同14頁，中川祐美「非上場株式の評価に係るIFRSでの取扱いと留意点」同19頁を参照。

13) 米山・前掲注8）211-212頁。

14) 金子宏『租税法（第21版）』（弘文堂，2016）358頁。

15) 金子宏「部分貸倒れの損金算入―不良債権処理の一方策―」同『租税法理論の形成と解明（下巻）』（有斐閣，2010）97頁（なお，同論文の初出はジュリスト1219号115頁（2002年）である。）。

16) 金子・前掲注15）97-98頁。中里実教授もこの見解に賛同しておられる。中里実「資産の評価損と貸倒損失の関係」税研158号27，31頁（2011年）。

17) 金子・前掲注14）330頁以下。時価会計に係る租税法的検討として，中里実「法人税における時価主義」金子宏編『租税法の基本問題』（有斐閣，2007）454頁，錦織康高「金融商品の時価主義課

第 8 章　有価証券の減損リスクと課税　　199

税」金子宏＝中里実＝J.マーク・ラムザイヤー編『租税法と市場』（有斐閣，2014）201頁等を参照。

18)　中里実教授もより広範に，「時価主義的な考え方の下においては，金銭債権についても，その現在価値が減少すれば，期末に値洗いすることによりその分だけ損失として計上するという発想こそが正しいものとされるのではなかろうか。もちろん，現時点において，このような考え方に対しては違和感も強いかもしれない。しかし，将来も，現在の課税実務のような評価損や貸倒損失に関する厳格な扱いが貫徹されるか否かは，多少疑問であるといわざるを得ない」と指摘しておられる。中里・前掲注16）32頁。

19)　同様の見通しを述べておられる文献として，島田眞一「多様化したわが国会計基準と今後のIFRS 対応について（税法との関連を含む)」租税研究797号（2016.3号）314，341-342頁。

# 索　引

## 欧文索引

ACE（Allowance for Corporate
　Equity）　　　　　　　　　45
bubbleless 定常均衡　　　　29
bubbly 定常均衡　　　　　29
CBIT（Comprehensive Business
　Income Tax）　　　　　　45
DC 型年金　　　　　　　147
EGARCH　　　　　　　　102
ETT（拠出時非課税，運用時
　課税，給付時課税）　　123
EET（拠出時非課税，運用時
　非課税，給付時課税）　123
GARCH　　　　　　　　　97
GJR　　　　　　　　　　103
IFRS13　　　　　　　　193
IFRS 9　　　　　　189, 193
KiwiSaver　　　　　　　119
KiwiSaver プロバイダー　120
M&A リスク　　　　　　188
New View　　　　　　　　76
Old View　　　　　　　　76
Pension Base　　　　　　151
TARCH　　　　　　　　103

TEE（拠出時課税，運用時非
　課税，給付時非課税）　123
TTE（拠出時課税，運用時課
　税，給付時非課税）　　122

## あ

インピュテーション方式　70, 137
兎税　　　　　　　　　　36
うさぎバブル　　　　　　36

## か

確定給付年金（defined benefit
　scheme）　　　　　　　118
確定拠出型企業年金　　128
確定拠出型年金　　　　147
確定拠出年金（defined
　contribution scheme）　118
確定決算手続　　　　　197
貸倒引当金の設定　　　193
家族扶助手当　　　　　134
加入者税額控除　　　　121
機械効果　　　　　　　16
期待損益アプローチ　　194
キャピタルゲイン課税　137
金銭債権の価値の減少　195

索　　引　　　201

| | | | |
|---|---|---|---|
| 金銭債権の減損処理 | 193 | 自己回帰モデル | 109 |
| 金融商品会計基準 | 191 | 資産直入 | 193 |
| 金融商品の減損 | 193 | 支出税体系 | 121 |
| 金融商品の減損処理基準 | 189 | 実現原則 | 193 |
| 金融取引税 | 25 | 実現主義 | 194 |
| 勤労税額控除 | 167 | 実効参加税率 | 17 |
| クラウディング・アウト効果 | 26 | 私的年金（企業年金，個人 | |
| クラウディング・イン効果 | 26 | 年金） | 116 |
| 経営リスク | 188 | 自動均衡装置 | 158 |
| 限界効果 | 163 | 資本市場の不完全性 | 39 |
| 減損処理の方法 | 192 | 社会保険料控除 | 128 |
| 権利確定日 | 110 | 就業の選択 | 12 |
| 権利付最終日 | 110 | 少額投資非課税制度（NISA） | 96 |
| 公正価値評価 | 197 | 小規模企業共済等控除 | 128 |
| 公正妥当な会計処理基準 | 197 | 上場有価証券の評価損に関 | |
| 公正妥当な会計処理の基準 | 195 | する Q&A | 195 |
| 厚生年金基金 | 128 | 職域年金 | 118, 150 |
| 公的年金等控除 | 129 | 職域年金税制の概略 | 176 |
| 行動効果 | 17 | 所得控除方式 | 161 |
| 高齢化率 | 115 | 所得比例年金 | 151 |
| 子会社・関連会社株式 | 192 | 新証券税制 | 95 |
| 国際財務報告基準第 9 号 | 189 | 人的資本投資 | 1 |
| | | 税額控除方式 | 161 |

### さ

| | | | |
|---|---|---|---|
| | | その他有価証券 | 192 |
| 最低保障年金 | 155 | 損金経理要件 | 197 |
| 最適所得税 | 1 | | |
| 参加効果 | 16 | | |

### た

| | | | |
|---|---|---|---|
| 事業主年金拠出税 | 128 | 長寿リスク（longevity risk） | 115 |

| | | | | |
|---|---|---|---|---|
| 貯蓄から投資へ | 97 | | **ま** | |
| 特別法人税 | 128 | | | |
| 土地税制改革 | 35 | 満期保有目的の債券 | 192 | |
| | | ミーンズテスト | 119 | |
| **な** | | 未実現の損失 | 194 | |
| | | | | |
| 二元的所得税 | 69 | **や** | | |
| 日本版ビッグバン | 95 | | | |
| ニュージーランド老齢年金 | 117 | 有価証券取引税 | 99 | |
| ニュージーランド老齢年金基金 | 125 | 有価証券の意義 | 189,190 | |
| 年金財政不安定リスクへの対応 | 158 | 有価証券の減損 | 189 | |
| ノイズトレーダー | 98 | 有価証券の減損リスク | 188 | |
| のれんリスク | 188 | 有価証券の範囲 | 190 | |
| | | 曜日効果 | 103 | |
| **は** | | | | |
| | | **ら** | | |
| 売買目的保有証券 | 192 | | | |
| 発生損失アプローチ | 193 | リーマンショック | 95 | |
| ファンダメンタルズ | 98 | リサイクリング | 192 | |
| 不確実性 | 188 | リサイクル不可 | 193 | |
| フリンジベネフィット課税 | 135 | リスク | 1 | |
| 分散式（variance equation） | 102 | レヴァレッジ効果 | 103 | |
| 平均式（mean equation） | 101 | 労働時間の選択 | 12 | |
| 平均余命 | 115 | 老齢年金付加税 | 128 | |
| ペッキング・オーダー理論 | 85 | | | |
| 包括的所得税体系 | 121 | | | |
| ホーム・バイアス | 86 | | | |
| ボラティリティ・クラスタリング | 102 | | | |

リスクと税制

平成28年11月30日　発行 ©

定価（本体2,000円＋税）

編　者　　証 券 税 制 研 究 会

発行者　公益財団法人　日本証券経済研究所

東京都中央区日本橋茅場町 1 - 5 - 8
（東京証券会館内）　〒103-0025

電話　03（3669）0737代表

URL：http://www.jsri.or.jp/

印刷所　奥 村 印 刷 株 式 会 社
東京都北区栄町 1 - 1　〒114-0005

ISBN 978-4-89032-052-3